内蒙古乡村旅游

现状·案例·实践

周永振　著

中国旅游出版社

前　言

本书分为以下四部分：

第一部分为上篇“现状：内蒙古乡村旅游概况”，包括第一章、第二章，以内蒙古乡村旅游发展状况的解读为核心，并对内蒙古乡村旅游高质量发展进行探讨。

第二部分为中篇“案例：乡村旅游发展经验”，包括第三章、第四章，以区内外乡村旅游发展经验案例解读为核心，从宏观和微观角度提出内蒙古乡村旅游创新发展可供借鉴的经验。

第三部分为下篇“实践：内蒙古乡村旅游实务”，包括第五章、第六章，以当前内蒙古正在开展的乡村（牧区）旅游接待户建设为核心，对乡村旅游具体实务工作——乡村（牧区）旅游接待户运营做详细解读。

第四部分为“附录”，选取了5份涉及乡村旅游的资料，主要为有关通知和标准，是对正文有关内容的进一步延伸。

正文和附录的有机结合，进一步增强了本书的系统性和实用性。

编者

2019年11月

目　录

上篇　现状：内蒙古乡村旅游概况

中篇　案例：乡村旅游发展经验

下篇　实践：内蒙古乡村旅游实务

上篇

现状

内蒙古乡村旅游概况

第一章 乡村旅游概述

第一节 乡村旅游的发展历程

一、乡村旅游的概念界定

乡村旅游（Rural Tourism）是以农村社区为活动场所，以乡村田园风光、森林景观、农林生产经营活动、乡村自然生态环境和社会文化风俗为吸引物，以都市居民为目标市场，以领略农村田野风光、体验农事生产劳作、了解风土民俗和回归自然为旅游目的的生活方式（邵琪伟，2013）。

可以说，现代乡村旅游是依托农业生产，融合自然与农业、当地人文景观以及现代旅游业的一种高效产业，是在充分利用现有农业自然资源、农村空间和农村人文资源的基础上，旅游者能广泛参与农业生产、农业科学管理、农业产品加工等活动，是一种充分体验生态农业与现代农业相结合的新型旅游产业。

二、国外乡村旅游实践与发展历程

乡村旅游在欧美国家被认为是发生在乡村地区的所有旅游活动（Derek，2001），已成为当代欧美国家的主要旅游形式之一，经历了从起步、发展，到相对成熟的一个较为完整的过程。随着城市化进程的加快，乡村普遍成为欧美国家城市居民短途旅游的首选地。

欧美国家乡村旅游的发展大多数是从20世纪60年代开始的，到20世纪80年代进入快速发展时期，20世纪90年代进入成熟发展时期，在20世纪与

21世纪之交，欧美国家乡村旅游更呈现出持续发展的强劲势头，其发展过程呈现出明显的阶段性，即传统乡村旅游阶段、乡村旅游初步发展阶段、大众时代的乡村旅游阶段和新经济时代的乡村旅游阶段（邹统钎，2017）。

欧美国家乡村旅游市场的取向体现出了较为浓厚的本地化、城市化、家庭化、学生化。欧美国家乡村旅游活动在经济和社会萧条时期的农村发展中发挥了显著的作用，特别是在欧洲，"乡村旅游"曾一度成为"拯救乡村的乡村旅游"，被认为是解决传统农业下降的有效手段（Perales，2002）。

三、我国乡村旅游实践与发展历程

我国自发的乡村旅游活动出现在改革开放后。1986年四川郫县徐纪元在自家农家院落里创造出了中国第一家"农家乐"，以"住农家屋、吃农家饭、干农家活、享农家乐"为内容的乡村旅游活动正式开始（王兵，1999）。

我国乡村旅游经历了萌芽阶段（1986—1994年）、发展阶段（1995—2008年）和深化阶段（2009年至今），如表1-1所示。在早期乡村旅游的盈利示范效应下，作为一、三产业融合的产物，乡村旅游已成为我国实现农民增收、提高农业产值、促进城乡一体化发展的重要措施（刘锋，2017）。

表1-1　我国乡村旅游发展阶段

特点	萌芽阶段（1986—1994年）	发展阶段（1995—2008年）	深化阶段（2009年至今）
市场	客源主要来自大城市周边	客源从大城市周边向中小城市扩展，外来游客开始参与到乡村旅游中	客源大幅增加，外来游客大量参与到乡村旅游中，消费需求普遍升级

特点	萌芽阶段（1986—1994年）	发展阶段（1995—2008年）	深化阶段（2009年至今）
产品	以农家乐和观光采摘为主	在农家乐和观光采摘基础上，不断衍生出民俗村、农牧场、乡村景区等新兴产品，休闲特征显现	乡村旅游多元融合发展，家庭乡村旅游产品需求增加，民俗和精品旅游度假区成为典型代表
空间	萌发于大城市郊区，空间呈点状分布	从点状发展向集群发展，整体辐射和带动作用增强	依托交通线形成轴线，并由轴线联动实现空间上的全域发展
经济主体	以农民个体户为主	呈现出多元化特征，村集体开始介入，农民个体经营和村集体经营是主要模式，企业主导和政府主导模式处于探索中	企业主导和混合经营模式大量出现，农民个体经营和村集体经营效益化明显提升，政府主导模式在可持续发展方面发挥了明显作用
管理	明确了行业管理组织，推动乡村旅游规模化发展	政府在规范引导方面开始发挥作用，实现乡村旅游从规模化向规范化发展	战略政策层面明确了乡村旅游地位，不断支持和引导乡村旅游创新发展

资料来源：根据邹统钎《乡村旅游：理论·案例（第二版）》相关内容整理而成。

第二节　发展乡村旅游的现实意义

一、乡村旅游是“两山”理论的有力实践

习近平总书记指出，我们既要绿水青山，也要金山银山。宁要绿水青山，不要金山银山，而且绿水青山就是金山银山。“绿水青山就是金山银山”是重要的发展理念，也是推进现代化建设的重大原则。

乡村生态环境和乡村特色风貌是发展乡村旅游重要资源，通过发展乡村旅游，实施规划、绿化、美化等措施，有利于把乡村建设成为生态宜居、富裕繁荣、和谐发展的美丽家园，把生态环境优势转化为旅游经济优势，践行"绿水青山就是金山银山"，实现生态与经济互促共进、协同发展，发展乡村旅游也是"两山"理论的最好实践。

二、乡村旅游是乡村振兴的重要途径

实施乡村振兴战略，是党的十九大做出的重大战略部署，是新时代做好"三农"工作的总抓手，产业兴旺是乡村振兴的重点。乡村旅游利用乡村自然资源和人文资源，把农牧活动与休闲农业、传统农业文化与现代乡土文化有机结合起来，有效促进农村牧区一、二、三产业融合发展，推动乡村生产、生活、生态三位一体发展，从而有力促进乡村振兴。

发展乡村产业必须发挥农村的比较优势，富含农业农村气息的特色产业适合现阶段我国乡村产业的发展，因地制宜地发展乡村旅游是乡村振兴过程中推动农业新产业、新业态的需要。乡村旅游对提高农民收入、改善农村环境、倡导文明乡风、促进乡村治理等方面作用明显，契合中央提出的"产业兴旺、生态宜居、乡风文明、治理有效、生活富裕"的乡村振兴总要求。

2018 年中央一号文件《中共中央国务院关于实施乡村振兴战略的意见》对实施乡村振兴战略进行了全面部署，乡村旅游作为实现乡村振兴战略的重要领域明确的写入了中央一号文件。中共中央、国务院印发的《乡村振兴战略规划（2018—2022 年）》中也明确指出实施休闲农业和乡村旅游精品工程是推动农村产业融合的重要举措。

三、乡村旅游是内蒙古可持续发展的有力支撑

（一）助力转型发展

内蒙古作为传统的资源型省区，在新时代、新常态的背景下，迫切需要更新原有的思维方式和发展路径，不断推动经济增长方式转换和产业结构升级。2017年内蒙古自治区第十次党代会提出把内蒙古自治区建成国内外知名旅游目的地，乡村旅游作为内蒙古旅游业的重要组成部分，在内蒙古遍地开花，既保护了绿水青山，更让它们变成了金山银山，有效助力了内蒙古旅游业及当地经济的高质量发展。

（二）助力产业振兴

发展乡村旅游是《内蒙古自治区党委自治区人民政府关于实施乡村振兴战略的意见》（2018年）提出“坚持农牧业农村牧区优先发展，按照产业兴旺、生态宜居、乡风文明、治理有效、生活富裕的总要求”的具体落实。乡村旅游能有效带动内蒙古农牧产品加工业、服务业、养种植业、交通业、商贸业、餐饮业、住宿等关联产业的发展，促进农牧民增收致富、农牧业转型升级、农村牧区美丽繁荣，使农村牧区由单一农牧业经济转变为一、二、三产业融合发展的多元化经济。

（三）助力文化振兴

乡村振兴不仅仅是物质的丰富更是精神上的收获，乡村旅游发展对促进农村牧区文化繁荣兴盛有着重要意义。

一是活化农村牧区非物质文化。发展乡村旅游可以将内蒙古农村牧区濒临消失的传统建筑、农耕器具、民间技艺、民俗礼仪、风土人情挖掘出来，以活态化的方式进行传承和创新，既可产生可观的经济效益，又可保护、传承和复兴传统文化。

二是提升农村牧区群众精神面貌。乡村旅游有助于打开与外部世界交流沟通的大门，进一步开阔人们视野，更新思想观念，改善农牧民精神面貌，培育文明乡风、良好家风、淳朴民风，提高农村牧区社会文明程度。

（四）助力脱贫攻坚

内蒙古农村牧区地域辽阔、旅游资源丰富，发展乡村旅游有着其他地区无法比拟的资源优势、空间优势。发展乡村旅游必然要求物质和精神的共同提升，才能提供合适的乡村旅游产品和服务，适应游客需求，这促使扶贫工作由“输血”变成“造血”，增强了内蒙古农村牧区困难群众的参与活力，有效实现了物质和精神“双脱贫”。

第二章　内蒙古乡村旅游发展分析

第一节　内蒙古乡村旅游现状

一、内蒙古乡村旅游发展主要特征

（一）发展格局初步形成

1. 乡村旅游规模日益扩大

截至 2018 年，内蒙古共有乡村旅游接待户 4584 家，其中星级旅游接待户 750 家；工农（牧）业旅游示范点 22 个，其中国家级 18 个、自治区级 4 个；休闲农业与乡村旅游示范点 126 家，其中国家级 17 家、自治区级 109 家（见表 2-1）；休闲农业与乡村旅游示范县 26 个，其中国家级 9 个，自治区级 17 个（见表 2-2）；全国乡村旅游创客基地 3 个。内蒙古乡村旅游正在从单一的餐饮接待向休闲度假、文化体验、康体养生等高端服务业态转变。

表2-1　2018年内蒙古各盟市休闲农业与乡村旅游示范点分布

	呼和浩特市	包头市	呼伦贝尔市	兴安盟	通辽市	赤峰市	锡林郭勒盟	乌兰察布市	鄂尔多斯市	巴彦淖尔市	乌海市	阿拉善盟	全区
国家级	1	2	2	2	0	3	0	0	5	0	2	0	17
自治区级	17	8	11	3	8	15	9	4	13	10	6	5	109
合计	18	10	13	5	8	18	9	4	18	10	8	5	126

资料来源：内蒙古文化和旅游厅《内蒙古自治区旅游资源开发单位名录》（2019 年 4 月）。

说明：自治区级统计中，呼伦贝尔市包括满洲里市 2 个，锡林郭勒盟包括二连浩特市 1 个。

表2-2　2018年内蒙古各盟市休闲农业与乡村旅游示范县分布

	呼和浩特市	包头市	呼伦贝尔市	兴安盟	通辽市	赤峰市	锡林郭勒盟	乌兰察布市	鄂尔多斯市	巴彦淖尔市	乌海市	阿拉善盟	全区
国家级	0	0	3	0	0	3	0	0	2	1	0	0	9
自治区级	3	2	1	1	1	2	2	0	3	1	0	1	17
合计	3	2	4	1	1	5	2	0	5	2	0	1	26

资料来源：内蒙古文化和旅游厅《内蒙古自治区旅游资源开发单位名录》（2019 年 4 月）。

2. 乡村旅游产品不断提质升级

内蒙古乡村旅游在传统的都市依托型和景区依托型乡村旅游模式基础上不断升级，从农家乐、牧家乐、林家乐、渔家乐等初级乡村旅游产品逐渐向现代休闲农（牧）业靠拢。目前，已经形成了“家庭农场＋农事体验”（如传统的农家乐、牧家乐、渔家乐的升级版）、“农业景观＋观光旅游”（如赤峰市和润农业嘉年华）、“农业庄园＋休闲度假”（如包头市掌生谷粒现代化农业示范园）、“乡土风情＋民宿旅游”（如兴安盟孛儿只斤部落、鄂尔多斯市兴昌渔村）、“美丽乡村＋健康养生”（如呼和浩特市托县神泉山庄）等特色模式，乡村旅游已经是内蒙古增加农牧民就业、带动农牧业增收、加快城乡统筹的重要发展途径。

3. 经营主体多样化发展

内蒙古乡村旅游的经营模式主要有四种。一是农牧民自己投资的农家乐、牧家乐等（大多数实体为个体经营，小部分是农牧民合伙投资、共同经营的）。

二是村（嘎查）集体经营［（主要是村集体成立公司经营，村民（牧民）凭借土地（草场）参股，参与分红，让有劳动能力的农牧民当员工、挣工资）］。例如，乌兰察布市商都县三大顷乡董家村成立的西都驿站旅游发展有限公司，是董家村民自愿联合、自主经营、自负盈亏、利益共享、民主管理的村集体股份经济组织，参与入股和旅游经营农户达 86 户，占村在册总农户的 88%，村民项目入股投资资金 172 万元，经营管理良好，有效带动了入股村民收入增收。三是企业经营（主要是个体民营企业征用村集体土地，自主经营，并吸收有劳动能力的农民当员工、挣工资）。四是混合经营（村集体成立公司总经营，分块分包经营）。例如，乌兰察布市兴和县察尔湖旅游景区以重组农业合作社为平台，采取“公司 + 农民 + 合作社”为主体的运营模式，流转农民土地 5136 亩，覆盖周边农户 2100 户，实现精准扶贫 279 户、736 人。

（二）旅游富民工程显现成果

1. 旅游扶贫辐射范围不断增强

近年来，内蒙古主要通过“政府引导参与”的模式扶持乡村旅游发展，主要体现为“政策支持、星级管理、卫生整顿、推进规模”的方式。2011 年以来，内蒙古自治区文化与旅游厅（原内蒙古自治区旅游局、原内蒙古自治区旅游发展委员会）与农牧业厅等部门积极推动家庭旅游接待户[1]（见图 2-1）、休闲农业和乡村旅游示范县（示范点）等建设工作，以规范化经营和规模化发

1　2018 年 7 月，原内蒙古自治区旅游发展委员会发布《内蒙古自治区乡村（牧区）旅游接待户星级评定管理办法》，将 2011 年开始评比的“家庭旅游接待户”评选延伸为“乡村（牧区）旅游接待户评选”，主要依据内蒙古《乡村（牧区）旅游接待户星级评定标准》地方标准（DB15/T 1444—2018）/（DB15/T 1445—2018）开展评比。

展为核心，着力培养乡村旅游模范村、乡村旅游模范户、乡村旅游致富带头人，有计划、有组织地帮助和扶持乡村旅游发展。例如，乌兰察布市察右后旗祥辉种植养殖专业合作社发展乡村旅游，在旅游旺季时，仅种植、养殖、采摘园、餐饮接待等项目就吸纳了周边 78 户贫困户共 200 余人实现人均稳定增收 5000 元以上。

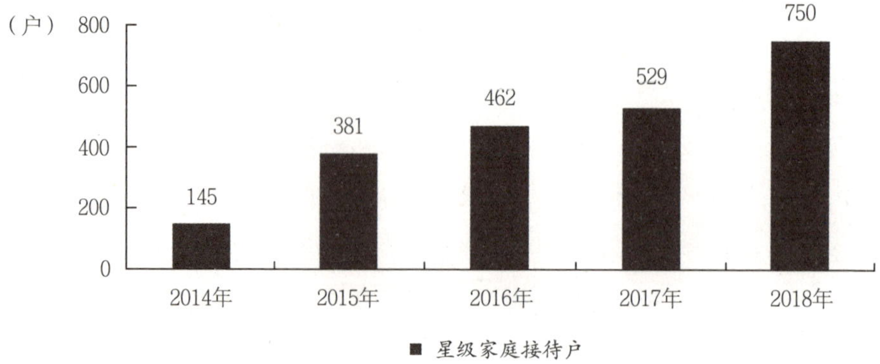

图2-1　2014—2018年内蒙古星级家庭旅游接待户数量

资料来源：根据内蒙古自治区旅游发展委员会（旅游局）《内蒙古自治区旅游企业名录》（2014—2018）、《内蒙古自治区旅游业 2018 年发展统计分析报告》等有关资料整理而成。

2. 精准扶贫效果日益显著

内蒙古乡村旅游的发展已经成为精准扶贫的“金钥匙”，通过“旅游 + 扶贫”模式，以乡村旅游助力富民扶贫这项工作为核心，显著地扩大了乡村旅游致富效应。2018 年，通过发展乡村旅游共带动内蒙古 34513 户贫困户和 8.6 万人实现脱贫。例如，呼伦贝尔市莫力达瓦旗那日松蒙古部落旅游度假村、额尔和村的隆化山风景区、西博荣村的莲城山庄以及 4A 级景区达斡尔民族园对西博荣村、库如奇村、怪勒村、额尔和村、团山子村5个贫困村的扶贫带动。

近年来，在原内蒙古自治区旅游发展委《关于旅行社与农牧家乐旅游点结对扶贫的指导意见》的鼓励下，旅游企业积极参与旅游扶贫，旅行社积极与农牧家乐旅游点开展合作经营，在常规旅游线路中普遍增加了农牧家乐旅游点，并大力开辟景区与农牧家乐旅游点融合新线路。旅游企业参与到精准扶贫的工作中，结对扶贫形成共赢的局面，有效实现了旅游企业得到资源、农牧民得到实惠的目的。例如，兴安盟乌兰浩特市周边的乌兰哈达三合村、义勒力特镇，农户通过依托神骏山景区、葛根庙旅游区发展农家乐、牧家乐，为景区提供有机水稻与绿色果蔬等方式实现安居乐业与经济增收。神骏山景区自景区建设以来，累计用工500人次，80%为建档立卡贫困人员。

（三）有效推进旅游城镇化建设

1. 注重乡村旅游与城镇化有机结合

内蒙古乡村旅游与新型城镇化协调共生发展，以打造特色景观旅游村镇为核心的乡村旅游，为实现乡村人、地、产的有效改造注入了活力。截至2018年，内蒙古共有国家级特色景观旅游名镇（村）37个、自治区级特色景观旅游名镇（村）91个（见图2-2），有效地推动了具有潜力的镇（村）特色景观旅游资源的开发利用和保护，大力推动了乡村旅游融合发展。

2. 旅游名镇（村）建设不断推荐

为了持续推动内蒙古旅游名镇（村）建设，内蒙古制订了相关措施积极推进特色景观旅游名镇（村）创建步伐。从2014年开始，内蒙古自治区住房和城乡建设厅连续公布了三批（2014年、2015年和2018年）自治区级特色景观名镇（村），先后有52个镇、39个村被列为特色景观旅游名镇（村），极大地提升了自治区级特色景观旅游名镇（村）建设的规划、建设、宣传等方面的工作力度，为提高这些地区的旅游知名度，促进旅游业成为这些镇（村）重要支柱产业做出了扎实工作。涌现出了兴安盟阿尔山市白狼镇、乌兰浩特市义勒力特镇、巴彦淖尔市磴口县巴彦高勒镇、鄂尔多斯市鄂托克前旗上海庙镇、城川镇、包头市土右旗美岱召镇美岱召村、赤峰市喀喇沁旗西桥镇雷营子村等一批知名的旅游小镇。

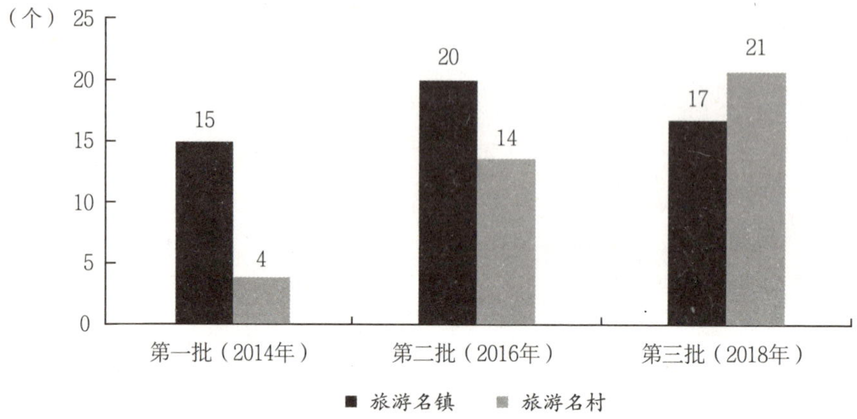

图2-2　自治区级特色景观旅游名镇（村）数量示意

资料来源：根据内蒙古自治区住房和城乡建设厅相关公开资料整理而成。

（四）注重顶层设计引导作用

1. 加强规划统筹

内蒙古在发展乡村旅游的过程中，始终坚持“规划先行”意识，统筹优化布局。原内蒙古旅游发展委员会提出和制定了《内蒙古自治区乡村旅游三年行动计划》和《内蒙古自治区旅游扶贫三年行动计划（2018—2020）》，对内蒙古乡村旅游和旅游扶贫做出整体部署。在 2018 年、2019 年分别组织召开内蒙古自治区乡村旅游扶贫现场会和全区旅游扶贫工作推进会，全面部署内蒙古乡村旅游与旅游扶贫工作任务，并积极组织开展旅游规划公益扶贫行动，帮助13个贫困村编制旅游扶贫规划。

内蒙古各地区，如巴彦淖尔市、赤峰市等地也先后组织编制乡村旅游和旅游扶贫规划、方案，在用地、用水、用电、税费等方面出台更加优惠的政策，对本地区乡村旅游业的发展起到了重要的推动作用，多途径因地制宜地探索乡村旅游和旅游扶贫新模式，推动乡村旅游高质量发展。

2. 强化标准引领创建工作

内蒙古自治区文化和旅游厅（原自治区旅游局、原自治区旅游发展委员会）始终坚持强化标准引领作用，积极推动内蒙古乡村旅游标准化建设。编制了《乡村（牧区）旅游接待户星级评定标准》（以下简称《标准》），制定了《自治区乡村（牧区）旅游接待户星级评定管理办法》（以下简称《管理办法》），按照《标准》及《管理办法》，从住宿接待、标识系统、解决就业、厕所设置等方面，对内蒙古星级旅游接待户开展评定工作。例如，2018年自治区为63户被评为五星级乡村（牧区）旅游接待户的旅游接待户提供财政专项经费，每户补贴3万元，共189万元，用于改善乡村（牧区）旅游接待户的基础设施建设，提高星级旅游接待户的接待服务水平；呼和浩特市旅游发展委员会把发展农家乐、牧家乐作为带动扶贫的重要抓手，大力推进，出台了《奖励暂行办法》，对于申报成功的五星级、四星级、三星级农（牧）家乐分别给予30万元、10万元、5万元的奖励。

3. 通过完善体制建设提供多维支持

近年来，内蒙古持续加大乡村旅游资金帮扶力度，支持贫困地区完善旅游基础和服务设施。2018年，内蒙古划拨乡村旅游扶贫项目资金1960万元，为国贫、区贫地区486座旅游厕所建设划拨资金1亿元，有效地改善了乡村旅游设施条件。

内蒙古各级旅游行政部门积极指导、扶持贫困地区因地制宜地开发特色旅游产品，通过发展旅游业带动农牧民脱贫致富。在自治区层面，将乡村旅游点纳入内蒙古精品旅游线路和红色旅游线路，打造周末游、短途游、“红”“绿”结合等乡村旅游线路产品。积极在贫困地区组织开展“旅游后备箱”工程，带动当地农畜产品加工、生产、销售。同时，充分发挥对口帮扶的带动与示范作用，2018年原内蒙古自治区旅游发展委员会与原北京市旅游发展委员会委签订了《京蒙旅游扶贫合作协议》，建立了旅游扶贫合作交流机制，加大了帮扶合作力度。

4. 做好乡村旅游从业人员培训

积极发挥内蒙古旅游智库等专家、专业人员作用，对贫困地区从旅游业发展规划、项目策划、产品营销等方面进行指导。不断加强乡村旅游从业人员培训，特别是加大贫困地区村官、致富带头人、旅游经营户、从业人员的培训，把培训作为落实精准扶贫、到村到户要求的重要抓手，努力增强旅游扶贫持续发展的后劲。2018年，内蒙古各盟市组织乡村旅游培训班27期，培训人员2900多人次。

二、存在的主要问题

（一）产业规模效益没有充分展现

1. 同质化发展严重

内蒙古现有乡村旅游产品多停留在“乡村旅游一代”，以传统的农家乐、牧家乐为主，以个体经营为主，提供的乡村旅游产品服务大同小异。在此基础上形成的众多的乡村旅游点更是具有明显的相似性，产品雷同、品位不高，不能有效满足游客多层次、多样化和高文化品位的需求，尚未形成具有效卖点的旅游吸引力。

2. 旅游季节性明显

内蒙古乡村旅游大多是建立在传统农牧业生产基础上衍生的旅游活动，依托各类设施农业开展的现代农业休闲活动较少，传统农牧业生产受季节性约束较强。同时，内蒙古旅游季节性较强，外地游客到访时间主要集中于夏季，双重因素叠加，导致内蒙古乡村旅游活动具有明显的季节性。

3. 集聚效应不明显

内蒙古乡村旅游适度集聚的区域性规模产业不够强大，现代农业、花卉种植、精品民宿等前景广阔的现代乡村旅游产业仍分散在各个地区，规模化、集约化的生产力度不够，对缓解乡村旅游季节性作用没有较好发挥作用。

4. 相关配套设施滞后

内蒙古地域辽阔，东西跨度大，部分贫困地区地处偏远地区，交通不便，没有市场区位优势，旅游资源缺乏，没有合适的乡村旅游项目落地。总体而言，内蒙古乡村旅游点接待设施、基础设施、环境设建设仍显滞后，道路标识系统、垃圾处理等设施还不能有效满足旅游活动需要，尚需提升接待层次、接待能力。

5. 三产融合度尚不充分

乡村旅游是农村一、二、三产业融合发展的优质结合点，但目前内蒙古乡村旅游产品开发没有凸显产业融合特征，多以现有的农田、牧场、果园、养殖场为基础进行改造，农牧产品深加工程度不足，现代营销方式应用不普遍，大多停留在“食、住、游”阶段，“游、购、娱”要素体现不充分，利用科技、文化、艺术等手段提升农牧产品及其加工品附加值不明显，造成游客停留时间短，欠缺核心竞争力和效益增长点，旅游产业带动作用发挥有限。

（二）行业协会与行业自律缺失

1. 专业协会普遍缺少

从目前内蒙古乡村旅游发展状况来看，乡村旅游都缺乏有效的非政府组织的参与和管理，各级旅游协会下还没有成形的乡村旅游专业协会，现有个别乡村旅游行业协会只发挥了统一培训的功能，吸收会员有限，同时自我协调和监督的作用不明显。当前，在外来参与者不多的情况下，现有管理模式尚可维持运作。随着外来经营者的增多，相关利益诉求势必增多，要求维护和代表相关经营者利益的行业协会需求将不断增加。

2. 乡村旅游专业合作社发挥作用有限

面对乡村旅游市场和消费的多元化，乡村旅游专业合作社是带动农牧民进入市场的主体。当前，在一些热门旅游城市，如阿尔山市、额济纳旗等地，家庭宾馆（民宿）协会发挥了一定作用，多为旅游行政部门发起的公益性组织，只局限于在集中销售与适当定价等比较有限的领域发挥作用。

（三）经营主体可持续发展存在瓶颈

1. 从业人员综合素质亟待提升

大力培育和发展新型乡村旅游经营主体，是发展乡村旅游、打造主导产业的生力军；内蒙古乡村旅游发展的零、散、弱等问题也是培育新型经营主体的客观需求。内蒙古乡村旅游大多是自发形成的，管理和从业人员缺乏专业、系统的培训和教育，服务水平有限，服务意识和服务技能较差，影响了乡村旅游经营和管理的水平。

同时，内蒙古农村牧区旅游从业人员普遍年龄偏大，文化素质偏低，且有一定技能的人员少，为乡村旅游经营管理、人才培养和服务培训提供较为全面系统的科普性知识，成为当前迫在眉睫的重要任务。

2. 服务标准化欠缺

迫切需要立体化培训以及适合内蒙古实际的乡村旅游建设系列标准和指导图书。特别是指导图书，应主要定位于两类对象的需求：一方面作为乡村旅游建设经营的实务手册，为投资商、经营户提供乡村旅游点开办建设和经营运作的基础知识；另一方面作为管理参考手册，为基层管理人员提供乡村旅游管理、服务的基本知识。

3. 运营缺少资金支持

内蒙古乡村旅游投融资模式，主要有四种：一是争取政府资金支持（主要是对国有旅游企业、田园综合体、旅游特色村镇、旅游民俗村等乡村旅游专项资金支持），二是金融机构借贷（主要是经营乡村旅游的民营企业和个体户运营支持），三是对外筹资（主要是经营乡村旅游的民营企业定向与招募入股），四是农牧区、农牧民闲置资源投入（主要是盘活农牧民土地和房产资源，农牧民用土地、牧场和房屋入股，参与利润分红）。

受融资瓶颈影响，特别是政策性金融支农的力度不够强，内蒙古一些乡村旅游经营主体缺少发展资金，融资困难，难以扩大生产经营规模。受制于资金，目前内蒙古乡村旅游开发大多只能开发一些小规模、低档次的旅游项目，经济效益也不是很好。特别是早期乡村旅游接待户已不适应当前市场需求，又缺乏资金投入，经营效益越来越差。

第二节　内蒙古乡村旅游高质量发展路径

一、明确内蒙古乡村旅游发展定位

乡村旅游是助力乡村振兴的特色发展模式之一，推进乡村旅游的高质量发展，是乡村旅游市场多元化需求的必然趋势，乡村旅游的发展必须首先明确的定位是目标清晰、产品适宜。

（一）厘清乡村旅游发展目标

要注重经济新常态下发展的新形势，持续夯实乡村旅游工作指导的科学性和有效性。内蒙古乡村旅游已由传统农家乐、牧家乐等简单形式向观光、休闲、度假复合型转变，呈现出从单一乡村观光转向丰富的产品业态、从简单设施建设转向服务的特色化和精品化的转型发展方向。内蒙古乡村旅游正在从单独的乡村旅游点转向更为广泛的乡村旅游集聚区，从单一的农产业链条转向农旅等多产业融合的全产业链，从较为单一的经济效益转向综合效益的有效转变过程中。

乡村旅游已经成为推动内蒙古农牧业全面升级的重要手段、农牧区脱贫攻坚的重要战场、困难群众增收致富的重要阵地。内蒙古乡村旅游发展要结合自治区实际，应以《内蒙古自治区党委自治区人民政府关于实施乡村振兴战略的意见》为指引，认真落实《内蒙古自治区旅游扶贫三年行动计划（2018—2020）》，完成具体指标任务，坚持把乡村旅游作为旅游扶贫的主战场，深入发掘乡村旅游文化资源，提升乡村旅游文化内涵，培育旅游商品企业和品牌，推进旅游产业扶贫。注重以加强乡村旅游基础设施和公共服务设施、积极促进乡村旅游专业化、有序打造旅游特色村镇为核心，助力乡村振兴。

（二）确立符合实际的产品定位

1. 明确乡村旅游产品发展路径

就全国范围看，乡村旅游发展一开始以体验为主，近年来正在向休闲度假、深度体验、健康养生、旅居养老发展。但因为内蒙古旅游季节性较强，很难成为国内游客和入境游客首选的度假休闲、健康养生、旅居养老目的地，发展乡村度假康养旅游的空间有限。发展内蒙古乡村旅游要坚持以观光为主，引导和促进其由一般观光加快向深度观光和参与体验发展为主的基本路线。

2. 深入推动乡村旅游产品消费化

通过积极组织常年举行的内蒙古自治区旅游商品创意大赛，实施乡村旅游商品“品牌”工程，培育知名乡村旅游商品“品牌”，重点挖掘贫困地区农牧特色产品，通过发展贫困地区旅游商品，扩大贫困地区旅游消费。

二、不断加强制度供给

注重在充分调研论证的基础上，把乡村旅游纳入内蒙古脱贫攻坚、新农村建设和新型城镇化建设整体布局中。

（一）完善顶层设计

全方位从资金、用地、科技、培训、金融等多方面扶持乡村旅游发展，参考《新疆维吾尔自治区乡村旅游促进办法》（2017）、《怀柔区促进乡村旅游提质升级奖励办法（试行）》（怀政发〔2018〕21号）等法规、文件的制定（详见附录5），及时出台促进内蒙古乡村旅游发展的法规、文件等，健全内蒙古乡村旅游发展的顶层设计。

（二）加强深度贫困地区旅游扶贫作用

创新旅游扶贫机制，统筹协调推进扶贫工作，发挥好行业扶贫的典型作用，建立“自治区负总责、盟市组织、旗县区抓落实”的管理体制和“片为重点、项目到村、精准到户”的工作机制，确保旅游扶贫工作有序开展。特别是注重集中连片特困地区的旅游扶贫，针对内蒙古集中连片特困地区旅游资源富集程度高、市场客源大这一显著特点，设立燕山—太行山集中连片特困地区（乌兰察布市）、大兴安岭南麓连片特困地区（兴安盟）等旅游扶贫促进中心，构建旅游扶贫新模式。

三、发挥好规划与市场作用

以游客的需求为核心，注重村落景区化运营创新探索，逐步开发好乡村旅游资源。

（一）注重规划先行

一是保留好农村牧区有价值的老房舍原貌，在原貌基础上完善整体布局与内部设施，在“修旧如旧”的基础上，以“乡愁”为核心，唤起游客的乡村记忆元素。二是深入了解和研究内蒙古农牧区独有的文化，将文化通俗化，用最简单、平实的方式让游客体验到内蒙古乡村文化独特魅力。三是高度重视红色旅游，充分挖掘鄂尔多斯市鄂托克前旗城川镇延安民族学院、兴安盟乌兰浩特市自治区成立纪念地、包头市土右旗抗战支前模范集中地等重点红色旅游区的教育功能，特别是发挥好红色旅游区周边乡村的“三同教育”（同吃、同住、同劳动）作用。

（二）重视运营引领

有效促进村落景区化，为破除乡村旅游发展同质化的弊端，有条件地区可以尝试以运营商为智力依托，开展村落景区捆绑式、品牌化、轻资产运营，探索通过“运营引领的村落景区化”助推农旅融合发展、促进乡村振兴的新路径。把村庄当成景区去打造，把符合条件的整个村庄都交给专业运营商，以共负盈亏的形式参与村集体旅游产业经营。完善标识说明系统和导游图，制订简洁、实用的观光路线，进一步发展餐馆、民宿等配套服务设施，营造好的休闲氛围，让游客能够舒适、便捷地享受乡村旅游。

四、有效促进规范发展

要大力提升乡村旅游的公共管理与服务水平，以培训、监督、考核为抓手，提升新型经营主体的整体素质水平，促进专业合作社的规范发展，做到新型经营主体有数量、有质量，更好地带动农村牧区经济发展和农牧民增收。

（一）加强行业管理

1. 发挥好政府主导核心优势

政府各相关部门积极联动共同推进乡村旅游。各级政府管理部门要加快完善和提升现有乡村旅游标准化体系，制定乡村旅游住宿、餐饮、娱乐、购物等主要消费环节的服务规范和定级标准，制定组织管理、基础设施、接待服务、市场营销与信息管理、乡村旅游等级划分与评定标准，积极利用和制定地方标准，促进农村牧区旅游基础设施建设和服务提升。同时，在推动乡村旅游整村、整镇连片发展形成聚集效应的同时，注重发挥好乡村旅游户的积极作用。

2. 推动行业自律

积极扶持、成立行业协会、专业合作社。积极成立乡村旅游行业协会，有效延伸政府管理职能，赋予乡村旅游行业协会一定的权利，如参加政府指定行业发展规划、产业政策、有关评比等，有效增强行业协会权威性，促使其更好地发挥作用，让行业协会发挥好政府、经营者和市场之间的纽带和桥梁作用。根据乡村旅游地区资源禀赋和发展水平，因地制宜地发展乡村旅游合作社，坚持一社一策，加强分类指导，同时与本区域其他特色产业、优势产业融合，达到“培育一个组织、搞活一个产业、富裕一方百姓，成就一个品牌”的目标。乡村旅游合作社要以订立和完善服务标准为核心进行运作，充分发挥社员的优势，加强合作，有效满足市场需要。

（二）完善行业指导

1. 强化正面引导

从项目规划、立项审批、经营促销、安全生产、社会公共治安等方面，规范乡村旅游经营行为，进一步提升乡村旅游服务质量与水平。特别是利用重新修订《内蒙古自治区乡村（牧区）旅游接待户星级评定管理办法》的契机，依据《自治区乡村（牧区）旅游星级接待户评定标准》地方标准（DB15/T 1444—2018）/（DB15/T 1445—2018）开展好新时期的乡村旅游专业户的指导建设。

2. 推出专业指导材料

针对内蒙古乡村旅游发展实际，在自治区各级旅游行政部门的指导下，组织编写各类乡村旅游指导用书。指导用书应包括四个方面的内容：一是乡村旅游的基本知识，二是乡村旅游的开发与经营（如何开办乡村旅游、如何建设乡村旅游、如何进行市场运营、如何营销乡村旅游），三是乡村旅游的领导与管理，四是国内外乡村旅游发展的若干经典案例。此外，还应包括一些和乡村旅游开办建设、经营管理相关的政策法规条目。

中篇

案例

乡村旅游发展经验

第三章　区外乡村旅游发展案例

第一节　区外乡村旅游统筹规划布局案例

一、《新疆维吾尔自治区乡村旅游促进办法》制定与作用

目前，我国还没有统一的乡村旅游管理规定，多数省、自治区、直辖市也处在乡村旅游立法调研阶段或尚未启动。《新疆维吾尔自治区乡村旅游促进办法》（以下简称《办法》）是全国首部乡村旅游管理规定，对完善新疆乡村旅游法律制度、促进乡村旅游业持续健康发展具有重要意义。

（一）《办法》的制定

为有效保护和合理开发利用乡村旅游资源，保障旅游者和旅游经营者合法权益，促进乡村旅游业协调、可持续发展，2017 年 1 月新疆维吾尔自治区人民政府发布第 203 号令，自 2017 年 3 月 1 日起正式实施《新疆维吾尔自治区乡村旅游促进办法》。《办法》提出，各级政府应当把乡村旅游纳入新农村建设、新型城镇化建设和脱贫攻坚整体布局，从资金、用地、科技、培训、税收、金融等多方面扶持乡村旅游发展。《办法》是根据《旅游法》《新疆维吾尔自治区旅游条例》等法律、法规，结合新疆实际制定的。

（二）《办法》对新疆乡村旅游工作的推进

第一，《办法》突出了乡村旅游在就业、旅游脱贫中的作用。发展乡村旅游对新疆解决就业问题有着特殊的重要意义，大力发展乡村旅游业可以有效吸纳农村富余劳动力，促进农民脱贫致富。《办法》突出了就业既是稳疆兴疆、富民固边的执政之要，也是一切工作的出发点和归宿。

第二，《办法》高度重视乡村旅游规划。《办法》第七条规定了乡村旅游资源应该进行全面普查评价，并建立乡村旅游资源信息库。《办法》第八条规定，对于乡村旅游专项规划的制定，要以本区域旅游发展规划为依据。同时，乡村旅游项目应当符合乡村旅游行政规划。这些规定旨在确保乡村旅游规划的科学性、权威性和严肃性。

第三，设定了乡村旅游专项扶持资金。《办法》第九条规定，县级以上人民政府应当从旅游专项资金中核拨不低于15%的比例，作为乡村旅游专项扶持资金。通过立法的形式将这一资金扶持政策固定下来，成为促进新疆乡村旅游发展的长效机制。

第四，《办法》在产业扶持政策方面建立了长效机制。《办法》通过减免税收、补贴、低息投资贷款等优惠财税政策，对乡村旅游经营者提供多渠道资金支持。此外，还明确从资金、用地、科技、培训、税收、金融等多方面扶持乡村旅游发展。针对新疆乡村旅游经营存在的散、小、弱，以及品牌化、连锁经营、规模化发展进程缓慢等问题，《办法》第二十条规定，鼓励乡村旅游实行规模化、集约化经营和品牌化建设，鼓励发展从事乡村旅游的农民专业合作社。乡村旅游发展应紧紧抓住改革契机，进一步整合乡村土地等资源，探索设立“乡村生态休闲度假旅游区”，形成品牌聚集效应，努力打造“一乡一景、一村一品、一家一艺”品牌。同时，《办法》还积极引导大集团、大公司、民间资本投资开发乡村旅游、整合旅游资源，推动乡村旅游向集约化、规模化及规范化方向发展。

二、《河南省旅游条例（修订）》助推乡村旅游

2019年11月《河南省旅游条例（修订）》（以下简称《条例》）经河南省

第十三届人民代表大会常务委员会第十三次会议表决通过，将于2020年4月1日起施行。《条例》突出地方特色，针对河南省是农业大省的实际，《条例》专列一节，对“乡村旅游”的规划建设、人才培养、经营管理等内容做了规定。

（一）《条例》的制定

《条例》分为10章，总计103条，以《旅游法》为依据，体现地方特色，增强了可操作性。《条例》针对旅游热点问题做了回答，对文化旅游、乡村旅游、民宿旅游等旅游新业态做了详细规范。

（二）《条例》对乡村旅游工作的统筹部署

《条例》在“第五章 旅游新业态培育”专设一节，对乡村旅游的培养做了总体部署。《条例》的颁布实施是河南省实现旅游业高质量发展的法律保障，也是推进乡村旅游转型升级的纲领指导。

第一，体现乡村旅游融合规范发展。《条例》第四十五条规定，县级以上人民政府应当围绕乡村振兴战略和城乡融合发展，培育乡村旅游市场，打造旅游特色村镇，促进乡村旅游可持续发展。同时，《条例》第四十六条规定，县级以上人民政府应当因地制宜编制乡村旅游发展规划，以区域旅游品牌打造、旅游线路整合、旅游设施完善、服务质量提升为重点，推动乡村旅游转型升级。

第二，在战略定位上提出新要求。进一步夯实政府和主管部门的责任，《条例》第四十七条规定，县（市、区）人民政府文化和旅游主管部门负责本行政区域内乡村旅游的业务指导和监督管理。乡（镇）人民政府负责乡村旅游工作的推进和管理，并配备工作人员。村民委员会应当配合乡（镇）人民政府做好乡村旅游日常管理工作，及时调解处理争议纠纷。

第三，对公共服务保障提出明确定位。指出县（市、区）、乡（镇）人民政府应当统筹利用涉农惠农资金，加强乡村文化和旅游公共服务及基础设施建设，完善道路、水电、停车、网络、厕所、指示标识和垃圾、污水处理等配套设施，提升乡村旅游发展保障能力。《条例》第四十九条也提出，县级以上人民政府应当加强对古村镇、古街区、古民居的保护和合理利用，不得毁坏具有特定历史价值的建筑物或者构筑物。

第四，规范旅游经营有新手段。明确指出县级以上人民政府应当引导乡村旅游集约经营，建立合作组织，实现自律管理。同时明确了县级以上人民政府文化和旅游主管部门，应当会同有关部门开展乡村旅游从业人员培训，鼓励支持当地村民和回乡创业人员从事乡村旅游业，并要求从事乡村旅游经营应当依法取得营业执照和相关许可。县级以上人民政府有关部门应当提供便捷服务，及时发放乡村旅游经营相关证照。

三、北京市怀柔区出台办法促进乡村旅游提质升级

为加速推进北京市怀柔区乡村旅游转型升级，实现乡村旅游组织化、信息化、标准化、品牌化、市场化建设目标。2018 年 7 月，北京市怀柔区出台了《怀柔区促进乡村旅游提质升级奖励办法（试行）》（怀政发〔2018〕21 号）。

（一）起草背景

多年来，北京市怀柔依托区位和山水自然优势大力发展乡村旅游，截至 2017 年，北京市怀柔区发展乡村旅游村 54 个，乡村旅游接待户 2937 户，其中，星级村 46 个，星级户 1412 户，评定乡村酒店、养生山吧、休闲农庄等乡村旅游新业态 89 家，怀柔区始终位于北京市乡村旅游发展前列。结合“乡村振兴”战略的实施和怀柔区乡村旅游发展实际，为加速推进乡村旅游提质升

级，在怀柔区旅游行政部门的主导下，历经 2018 年上半年的时间完成了《怀柔区促进乡村旅游提质升级奖励办法（试行）》（以下简称《奖励办法》）的制定，经过怀柔区政府常务会及区委改革领导小组会议同意后，于 2018 年 7 月 3 日正式印发执行。

（二）主要目的

一是有效促进乡村旅游转型升级。《奖励办法》的实施，将促进乡村旅游发展进一步融入新元素、挖掘新潜力，引进新型经营理念和经营模式，吸引更多的社会资本参与到乡村旅游产业发展中，更大程度地盘活农村闲置资产、资源，提高市场配置效率，以推动产业的转型升级，更好地满足游客的高端化、多元化消费需求。

二是助力动农村产业发展。《奖励办法》的实施，推进一产、三产融合发展的有效途径，将进一步拓宽农民增收渠道、促进农业增效和农村经济社会全面发展，更加有效地将农村自然生态优势转化成发展的产业优势，把自然生态资源转化为富民增收的产业资源。

（三）主要措施

《奖励办法》共包括四个部分，分别为：政策支持范围及项目、政策支持对象及额度、申报要求及审批流程和附则，主要支持内容包括以下 9 项。

一是五星级民俗村奖励支持。经过镇（乡）、村统筹，怀柔区旅游行政管理部门备案，严格按照北京市地方标准《乡村民俗旅游村等级划分与评定》（DB11/T 350—2014）规划建设，并被北京市旅游行业主管部门评定为五星级民俗村，给予村委会一次性奖励 500 万元。

二是民宿旅游评定奖励支持。对满足客房、公共空间、房屋庭院、保温隔音、消防安全相关要求，并按照怀柔区《乡村民宿服务质量等级划分与评定》标准，被旅游行业主管部门评定为金宿级民宿、银宿级民宿的经营单位给予奖励支持。其中，金宿级民宿一次性奖励 12 万元，银宿级民宿一次性奖励 10 万元。

三是民俗户评定奖励支持。对满足客房、房屋庭院、保温隔音、消防安全等方面的相关要求，并按照北京市《乡村民俗旅游户等级划分与评定》（DB11/T 350—2014），被北京市、怀柔区旅游行业主管部门评定为四星级民俗户、五星级民俗户的经营单位给予奖励支持。其中，五星级民俗户一次性奖励 10 万元，四星级民俗户一次性奖励 8 万元。对已获得北京市 2016 年民俗旅游奖励资金支持的四星级、五星级民俗户，满足上述条件，按照申报程序给予一次性奖励 5 万元。

四是乡村酒店项目建设支持。鼓励支持镇（乡）加大招商引资力度，对新建或新改造乡村酒店项目，按照《北京市乡村旅游特色业态标准及评定》乡村酒店（DB11/T 652.4—2009）标准建设，各相关部门依据职责给予支持，促进乡村酒店合法化、规范化发展。

五是新型乡村旅游合作社奖励支持。积极引导跨区域开展经营管理，鼓励开发新型经营模式和新型旅游组织建设。对提供入社成员服务技能培训、市场营销推广、日常经营管理、消耗品集中采购、洗涤配送服务、客源统一分配等相关服务职能的合作社，按照入社成员每户 2000 元标准，给予合作社奖励支持。同时，引导乡村合作社开展统一洗涤配送服务，经过申报批准，对购买洗涤设备及环保设施给予全额补贴；对洗涤配送费用给予 50% 资金补贴。

六是实施规划设计奖励支持。建立怀柔乡村旅游规划设计服务资源库，申请规划设计奖励的民宿、民俗户，原则上要与资源库内设计单位签订合同，并严格按照设计方案建设完成，给予 90% 规划设计费奖励支持，最高不超过 8

万元。在怀柔区全区范围内，每年组织开展乡村旅游经营场所规划设计评选活动，设立金奖1名、银奖2名、铜奖10名，分别给予获奖设计单位或个人50万元、30万元和10万元一次性资金奖励。

七是怀柔礼物设计奖励支持。鼓励经营单位和个人研发具有怀柔本土元素的乡村旅游商品，包括但不限于农业有机产品、土特产伴手礼等，每年组织开展“怀柔礼物”评选活动，设立金奖3名、银奖3名、铜奖4名，分别给予获奖单位或个人10万元、8万元和6万元一次性资金奖励。

八是乡村旅游餐饮服务奖励支持。鼓励支持乡村旅游餐饮服务竞赛活动，每年开展一次乡村旅游餐饮服务大赛。设立一等奖5名、二等奖10名、三等奖15名，分别给予获奖单位3万元、2万元和1万元一次性资金奖励。

九是银行贷款贴息支持。积极引导金融机构，面向民宿、民俗户开展信贷业务，用于乡村旅游提质升级。对贷款额度不超过50万元（含）的经营单位，凭银行出具的还款凭证和信用证明，给予3年贷款利息补贴。

第二节　区外乡村旅游整村推进与品牌建设案例

一、四川大邑整体推进全域乡村旅游发展

四川省大邑县乡村振兴模式以围绕农业全面升级、农村全面进步、农民全面发展位目标，以“农商文旅融合发展”为特色，并在不断实践中摸索总结出以下三大特色模式。

田园变公园——打造各具特色的乡村振兴名片。大邑规划了6个现代农业综合体项目，将把园区建设成为集文化村落、艺术村落、科技村落为一体的

新型田园综合体，设计上既要体现川西林盘的肌理，又要具备时尚化元素，打造乡村振兴新名片。

人才下乡——农创项目催生乡村之变。乡村振兴离不开人才，大邑良好的人才政策和优质的生态环境，吸引了一大批农业人才留在大邑、创业大邑。通过系列农创项目带动了当地农业产业的提档升级，帮助了农民增收致富。

文化浸润乡村——用创新设计敲开乡村振兴大门。围绕社区营造、乡村人才引进、乡村产业发展进行探索，用创意推动乡村发展，打造特色文创街区，举办文创活动，吸引了大量有情怀的城市人群下乡，成为新大邑人，形成城市反哺乡村的田园模式。

二、陕西省咸阳市马嵬驿打造民俗文化村

马嵬驿民俗文化村位于陕西省陕西省咸阳市兴平市马嵬街道办事处李家坡村，地处杨贵妃墓—黄山宫景区向西 1 千米处，依托黄山宫独特的历史资源顺势而建，以古驿站文化为核心，集文化旅游、民俗文化展示、休闲体验、旅游观光为一体，是关中地方文化、民俗文化的精华部分，主要包括驿站文化广场、民俗文化展示区、民族小吃文化街、垂钓区、家禽生态养殖区、百果林采摘园等八大功能区。

马嵬驿民俗文化村有 4 条民居古街：民俗作坊街、民俗小吃街、民俗文化展示街、大唐文化街；12 大景点配套：马嵬驿文化广场、百果园、雕塑艺术馆、驿栅城、珍禽园、垂钓园、茶楼、戏楼、农具展示馆、城门楼观景台、娱乐园、祈福殿。园区公共设施，如水电、导示、卫生、监控、停车场、休闲坐凳等配备齐全，每天不定时、不定点地为客人表演民间艺术、绝活，让客人感受到民间杂耍的魅力，也是马嵬驿发展的一大亮点。

三、安徽省东至县南溪村乡村旅游“复兴”千年古村[1]

位于安徽省东至县花园乡南溪村的南溪古寨被称为“大山里的最后一支匈奴部落”。2008年，南溪古寨被评定为国家2A级旅游景区。2010年，南溪古寨被安徽省人民政府评为安徽省第四批历史文化名镇名村。2012年12月17日，国家住房城乡建设部、文化部、财政部决定将安徽省东至县花园乡南溪古寨列入中国传统村落名录（第一批）。

近年来，南溪村依托古村落（南溪古镇）的天然资源优势和历史文化特色，在美丽乡村建设和全国传统古村落保护项目的双重推动下，加快基础设施和公共服务设施建设，大力发展乡村旅游，以农家乐和民宿作为载体，实现村民增收。同时，有效地发展了茶叶、菊花、食用菌、瓜蒌等特色产业。未来，南溪村将通过做强特色农业品牌、做优乡村旅游，实现两个产业融合互动发展，促进农业增效和农民增收。

第三节　区外乡村旅游精细化经营管理案例

一、北京市昌平区麻峪房农家乐[2]

北京市昌平区十三陵镇麻峪房村面积2.4平方千米，居住面积40亩。全村共60户，人口210人，民俗旅游接待户57户，民俗旅游为村里的主导产

1　根据汪玉芳的《南溪古寨：乡村旅游“复兴”千年古村》等资料整理而成。

2　根据北京观光休闲农业行业协会提供的有关资料整理而成。

业，自1998年就大力发展民俗旅游，2002年获得北京市旅游局颁发的首批“民俗旅游接待户”，被媒体誉为“京郊民俗旅游第一村”。

一年一度的麻峪房过大年活动最为著名。例如，2016年的活动以“金猴献瑞麻峪房，五谷丰登过大年”为主题，囊括了民俗巡演、麻峪房庙会、猜灯谜、“微信你分享，祈福共迎春”、五谷轮盘抽奖、“大美十三陵，欢乐过大年”旅游线路产品推介等活动（见表3-1），同时在昌平区旅游委的帮助下，开通了“麻峪房”微信公众号，方便市民实时了解活动动态。

麻峪房过大年活动的特点为：①“吃”，客人与民俗户一起包饺子，饺子里放硬币，吃到的游客有礼品赠送，另有特色烤全羊、烤羊腿、烤虹鳟、嘎嘎宴[1]可供选择；②“住”，睡火炕，体验农居环境；③“玩”，拜大年、剪窗花、放鞭炮、点灯笼、推碾子等；④“乐”，除夕晚上点亮全村灯笼，大年初一上午，村内喇叭全天播放春节喜庆音乐，插播各位游客和各户的春节寄语，现场演唱歌曲。

表3-1　麻峪房过大年活动一览

项目	时间	内容
民俗巡演	2月8—12日	每天上午10点，麻峪房村里都有小车会、秧歌、五虎棍等民俗表演巡游活动，表演者全部为麻峪房村和周边村庄村民，热闹喜庆的民俗巡演活动将邀请游客一同参加
麻峪房庙会活动	2月8—12日	麻峪房庙会上集结了麻峪房的各种特色产品、美食、旅游商品，有手工鞋垫、窗花、对联、手串、核桃、小葫芦等

1　嘎嘎是一道传统的农家美食，先用热水和好玉米面，然后切成玉米粒大小，放在簸箕里不停摇晃，最后煮熟。煮熟后的嘎嘎可以炒着吃，或者煲汤，再配上一系列凉菜、热菜和炖菜，就是一桌地道的嘎嘎宴。

项目	时间	内容
猜灯谜	2月8—12日	麻峪房村头到广场中心舞台的道路两边的墙上、树枝上都挂有五彩小灯笼，小灯笼上贴有红色纸条的灯谜，灯谜内容涉及五谷、美食、文化等，游客自行摘取，到游客接待中心兑奖，答对即印上有麻峪房logo的小印章
微信你分享，祈福共迎春	2月8—12日	游客通过关注“麻峪房”公众号并分享，即可赠送祈福丝带，写下心愿，挂在村中三棵300多年树龄的老核桃树上祈福迎春
五谷转盘活动	2月8—12日	过大年活动期间到场游客，可凭手机关注“麻峪房”公众号参加一次五谷转盘活动
麻峪房里过大年	2月8—12日	和各家民俗户一起过大年，包饺子、睡火炕、拜大年、剪窗花、放鞭炮过节

二、山东烟台市长岛渔家乐

长岛渔家乐起源于2000年左右，主要分布于山东省烟台市长岛县北长山岛和南长山岛两个岛屿，集中在13个旅游民俗村，包括店子村、嵩前村、北城村、花沟村、王沟村、连城村、鹊嘴村、乐园村、获沟村、黑石嘴、后沟村、山前村、南城村。长岛渔家乐旅游直接从业人员约1.3万人，长岛渔家乐旅游业全年税收占全县收入的60%左右。

长岛渔家乐注重网上营销，有专业网站提供长岛渔家乐图文介绍、长岛渔家乐食宿预订、长岛海鲜美食自助旅行线路和旅行路书等旅游服务，主要有长岛渔家乐、蓝色长岛渔家乐等。

三、北京密云区下栅子村“大城小苑”打造精品乡间生活

针对北京密云区大城子镇下栅子村因交通不便导致全村仍有187户低收入

户的情况，2018年北京城建集团决定帮扶下栅子村开发“大城小苑”精品民宿群，通过乡村旅游发展帮助困难群众脱贫致富。

“大城小苑”项目于2018年9月26日正式动工，2019年5月1日开门迎客，建成后的“大城小苑”共有8个院落，以群落的方式聚集，包括1个接待院落、6个民宿院落和1个综合服务院落。

项目从设计、建筑到运营，由城建集团旗下的北苑大酒店全面负责，建成的“大城小苑”由北苑大酒店代管两年，再整体移交给村里，促使“大城小苑”在具有民宿的独特个性的同时，拥有星级酒店的标准化管理和运营。在具体的运营中，酒店优先使用本地低收入人员6人，经过在北苑酒店为期4个月的培训后，作为酒店服务员，既实现了困难群众在家门口就业，也有效增加了其收入。

第四章　区内乡村旅游发展案例

第一节　区内乡村旅游统筹规划布局案例

一、赤峰市——坚持不懈发展乡村旅游[1]

截至2018年，赤峰市共有旅游特色小镇9个、旅游重点村60个、乡村旅游金牌农家乐8个、乡村旅游接待户1167户，实现乡村旅游就业5万人。建成全国休闲与乡村旅游示范县3个、全国乡村旅游示范点3个，松山区松枫山庄2016年被评为“一带一路中国最美驿站”。喀喇沁旗雷营子村被中央相关部委评为全国文明村、全国美丽休闲乡村、全国生态文化村、全国人居环境保障基本示范村、全国乡村旅游扶贫重点监测村，2019年成为首批全国乡村旅游重点村。2018年，赤峰市乡村旅游接待人数达到380.4万人次，同比增长13.5%，接待收入18亿元，同比增长37.4%。乡村旅游已经成为赤峰市全域旅游的骨干产品、脱贫攻坚的生力军、乡村振兴的重要抓手。

（一）注重示范性和全局性工作推进

2013年春季，赤峰市旅游行政主管部门会同喀喇沁旗旗委、旗政府，本着有景区依托、有特色产业、有发展积极性的原则，从喀喇沁旗162个行政村中选出了雷家营子、马鞍山、田营子、通太沟、牛营子、三家5个村，作为乡村旅游整村推进的起步村。分别对各村的全体农户进行了培训，制定了

1　根据赤峰市文化和旅游局《赤峰市乡村旅游工作汇报提纲》（汇报材料，2019年8月14日）整理而成。

整村推进的规划方案。市、旗两级拿出专项资金对接待户的厨改、厕改每户给予4万~6万元的补助，并将农口资金和村建、交通等专项资金捆绑使用，专项用于乡村道路、停车场、旅游标识等公共服务基础建设。2014年在通太沟村举办了赤峰市首届通太沟梨花节，向全市推广了通太沟的市民认养果业的乡村旅游发展模式。

2016年，赤峰市政府在雷营子村召开了首次全市乡村旅游工作会议，并出台了《赤峰市人民政府关于促进乡村旅游发展的若干意见》。赤峰市市政府成立了由常务副市长任组长，分管农牧业和旅游的两位副市长任副组长的赤峰市休闲农牧业和乡村旅游发展领导小组，设立了1000万元的乡村旅游发展专项基金，印发了《赤峰市2016—2020年乡村旅发展实施方案》。赤峰市旅游行政部门协同市扶贫办编制了《赤峰市百村旅游扶贫规划》，并制订了《2018—2020年旅游扶贫工作方案》，同时出台了《乡村旅游重点村建设内容和建设标准》《赤峰市乡村旅游接待村（户）暂行标准》，有力地推动了赤峰市乡村旅游由农家乐向整村推进的转型。

（二）注重乡村旅游精品建设

实施一村一品，突出各村历史文化特色和鲜明的产品主题。确定了喀喇沁旗雷营子村为历史文化休闲古村落、马鞍山村为红酒文化小镇、三家村为王府烤肉美食村、美林村为冰雪小镇、宁城县打虎石村为水岸民居特色民居村、阿鲁科尔沁旗汗庭新村为蒙元文化村、红山区二道井子村为老赤峰休闲体验街区等。积极发展游客参与、体验、休闲项目，延长游客停留时间，因地制宜地策划采摘园、小型牧场、豆腐坊等农事体验活动项目。

积极培育乡村旅游新业态。推动旅游与现代农牧业深度融合，发展休闲农牧场、休闲庄园和农业主题公园。元宝山区和润农业在设施农业的基础上，增加旅游服务设施和游客参与的体验项目，连续 5 年举办了农业旅游嘉年华，实现年接待游客 40 万人次左右。林西县七合棠村野果采摘节已连续举办 12 届，并成为内蒙古自治区乡村旅游的品牌节庆活动，松山区楚东农业园区、红山区增嘉园、喀喇沁旗龙山采摘园等设施农业成为市民郊游、采摘、体验的新景点。

（三）注重带头人的引领作用

在全行业推广景区带贫困村、景村融合发展的做法。喀喇沁旗创新旅游扶贫模式，将美林镇大局子村等 13 个村的扶贫资金 8000 万元以成立山戎部落旅游合作社的形式集中用于开发乡村旅游，全体村民入股，合作社确保村民的年收益。

积极引导景区带村。克什克腾旗世界地质公园带动了克旗相关产业的发展，全旗 2018 年旅游直接就业人数 1.9 万人，旺季增加就业 2 万人，占全旗就业人数的 1/3。翁牛特旗玉龙沙湖 2013 年重新建设运营以来，旅游接待人数和收入年均增长在 30% 以上，旅游收入由开发前的不足百万元增加到 5000 万元，带动了周边 120 多户牧民发展农家乐、牧家乐和沙漠旅游项目，景区辐射的乌丹镇和周边的村、嘎查新增旅游床位 3000 张，为农牧民增收 3 亿多元。宁城天宇集团整体开发道须沟、紫蒙湖景区，带动了黑里河流域 100 多户共 1200 多名农民从事农家乐、森林旅游和土特产品销售，2018 年为农民增收 2000 万元。克什克腾旗乌兰布统旅游景区接待游客 100 万人次，带动了乌兰布统苏木、小红山子乡各村、嘎查形成了以旅游为主产业的旅游村，仅旅游接待户就发展到 260 户。克什克腾旗达里湖景区带动渔家乐 70 多户，阿斯哈图石镇景区带动牧民从事“做一天蒙古人”等牧民生产、生活体验的牧家乐 50 多户。

（四）注重融媒体营销的助力作用

加大宣传力度，积极开展特色节庆活动。聘请赤峰籍著名影视演员于月仙（《乡村爱情》谢大脚扮演者），作为赤峰市乡村旅游形象代言。注重通过官方渠道和微信公众平台宣传赤峰市乡村旅游，2018 年《中国旅游报》用整版专题报道了赤峰市市乡村旅游工作，原赤峰市旅发委、赤峰市财政局、赤峰广播电视台联合开展了“周末赤峰游 美丽乡村行”系列活动宣传活动，已制作并播出了 10 期。2018 年 9 月在阿鲁科尔沁旗太平庄村铭欣庄园和蒙古汗廷文化园举办了“赤峰市第二届乡村旅游节暨‘金秋十月’旅游产品发布会”。

二、鄂尔多斯市乌审旗——多渠道推动乡村旅游[1]

截至 2018 年，鄂尔多斯市乌审旗有农牧家乐经营户 120 多户，规模以上户子达到 65 户，星级牧家乐 35 家，其中自治区星级乡村旅游接待户 6 家，市级典型示范户 10 家，旗级星级牧家乐 19 家，实现旅游收入 2800 多万元。投入资金 4000 多万元，其中星级农牧家乐投入资金 3800 多万元，解决农牧区剩余劳动力就业 2000 多人，典型示范户数量位居鄂尔多斯市各旗区之首。

（一）乡村旅游类型丰富

乌审旗以“农牧家乐”为核心的乡村旅游发展主要有四种类型：（1）农牧家餐饮经营型。主要以解决游客就餐难为经营导向，以满足游客价廉、味美、舒适、随意的消费需求为经营策略，以原汁原味的农牧家美食为经营特色，在一定程度上是城市“社会饭店”，伴随城市居民的流动向农牧区的延伸和拓展，

1　根据雷明东《乌审旗乡村旅游发展初探》等资料整理而成。

如嘎鲁图镇及周边地区和部分苏木镇。（2）农牧家观光采摘型。以提供动植物观赏、花果蔬菜采摘为主，寓农于乐，把农业基地和“农牧家乐”经营户有效结合，拉近城镇与农村的距离，在互动中实现双向多赢，如嘎鲁图镇。（3）农牧家乡土文化体验型。依托自然资源和良好的生态环境，以舒适惬意、自主参与为主要特色，以旅游团体踏青、公薪阶层度假和中老年人休闲为主要服务对象，以充满情趣的乡土和草原文化、富有特色的乡村农作、新颖别致的农家传统用具作为乡村旅游文化素材资源，如嘎鲁图镇巴音柴达木村、无定河镇、苏力德苏木。（4）牧家民族风情体验型。通过整合蒙古族文化、建设本土特色文化展示厅（奶食品制作流程、民俗生产生活用品、民居、文化名人介绍）、三项竞技练习场（骑马、射箭、摔跤）、篮球场及棋牌活动室等，开发销售手把肉、牛肉干、酥油、奶皮，延伸“农牧家乐”发展范围，提高旅游产业附加值，如嘎鲁图镇、苏力德苏木、乌兰陶勒盖镇、乌审召镇等。

（二）标准化工作助力乡村旅游规范发展

为促进农牧（渔）家乐旅游的健康发展，乌审旗旅游管理机构结合自身实际，在鄂尔多斯市范围内率先制定出台了《创建农牧家乐旅游区（点）实施标准》《乌审旗农牧家乐旅游星级评定规则》《乌审旗农牧家乐旅游服务质量等级评定评分标准》。不断深化农牧（渔）家乐休闲旅游发展格局，促进产业与经济社会协调发展。《农牧家乐旅游服务质量等级评分标准》结合乌审旗地方实际，划分等级标准，全旗的农牧家乐旅游由低到高分为三个等级，即一星级、二星级、三星级，星级越高，农牧家乐的旅游服务档次越高。此外，通过向鄂尔多斯市、自治区力推市级典型示范户、自治区级乡村旅游接待户。一方面能较好地规范“农牧家乐”的经营活动，另一方面可以提质提档，推动乡村旅游的发展，促进社会主义新农村建设，还能为消费者提供良好的消费环境。

三、乌兰察布市卓资县——通过发展乡村旅游推进脱贫攻坚[1]

乌兰察布市卓资县全县总面积 3119 平方千米，辖 5 镇 3 乡、10 个社区、109 个村委会，总人口 20.4 万人。现有景区 10 家，4A 级以上景区 3 家；国家旅游扶贫重点村 9 个，其中国家旅游扶贫重点村观测点 1 个；农家乐达到 50 余家，其中 3 星级以上 5 家，国家金牌农家乐和乡村旅游模范户 1 家，国家乡村旅游致富带头人 3 名，自治区旅游扶贫示范项目 3 个；大中型宾馆饭店 10 余家，特色餐馆、旅店、熏鸡店及土特产店 500 余家；旅行社总社及网点 4 家。

（一）坚持五个结合

一是坚持把发展乡村旅游与创建国家全域旅游示范县相结合，二是坚持把发展乡村旅游与脱贫攻坚相结合，三是坚持把发展乡村旅游与乡村振兴相结合，四是坚持把发展乡村旅游与打造美丽乡村相结合；五是坚持把发展乡村旅游与推进城乡一体化相结合。

（二）创新五种模式

一是“景区 + 牧户”的草原风情型，依托辉腾锡勒草原风光，以九十九泉为代表的四家草原景区，带动辖区内贫困村民通过拉马、养羊、接待等方式增加收入。

二是“景区 + 旅游扶贫重点村 + 农家乐”自然山水型，依托九龙湾、红石崖等大型景区，带动国家旅游扶贫重点村打造特色旅游村，从而拉动农家乐、民宿的发展。

1 根据中共卓资县委员会、卓资县人民政府《创新思路 科学谋划 扎实推进旅游产业扶贫工作》（汇报材料，2019 年 8 月 13 日）整理而成。

三是“景区＋旅游新村”的历史山水型，依托林胡古塞景区建设芦草沟旅游新村，使村民实现了安居梦，吃上了“旅游饭”。

四是“特色小镇＋民宿”的历史古迹型，依托武要古城、大黑山等自然人文资源，大力发展以民宿为重点的乡村旅游，吸引周边游客前来探古城、登黑山、品美食。

五是“休闲农庄＋合作社＋农户”的农事观光型，如壕赖富民农庄，全村土地都入股成立合作社，种植特色果蔬，增加休闲农业和拓展体验项目，与乡村旅游链条嫁接，按股分红、人人受益，并吸纳贫困户劳力就业。

（三）推出五项举措

一是提高认识，加强领导。卓资县深入贯彻国家、自治区和乌兰察布市关于发展旅游业的重大战略部署，以创建国家全域旅游示范县为契机，把发展乡村旅游作为脱贫攻坚的突破口，成立旅游产业领导小组，强化了综合统筹监管职能，组建旅游投资公司，为旅游项目投融资搭建平台。

二是科学规划，合理布局。按照卓资县“两心、四线、十大景区”的全域旅游总体布局，依托境内的大景区和交通大干线，规划打造了四条旅游风景道，包装打造多条特色乡村旅游线路，把国家旅游扶贫重点村、特色旅游村和特色农家乐纳入其中，并与大景区连接起来，做到资源共享、客源互送。

三是突出特色，创新发展。针对卓资县旅游资源分布状况和个性特色，结合美丽乡村建设、脱贫攻坚和城镇化建设情况，包装设计草原避暑游、山水养生游、美丽乡村游、历史人文游、美食特产游、红色教育游和城市休闲游等旅游产品，成功举办了九曲文化节、冰雪骆驼节、熏鸡美食节、消夏音乐节等民俗节庆活动，把乡村旅游扶贫融入其中，挖掘乡村文化内涵，开发乡村旅游产品，形成了各有特色的乡村旅游扶贫新模式。

四是整合资源，借力发展”依托红召、大榆树、平顶山等自然山水风光，新上林胡古塞、平顶山、斗金元等大型旅游项目，实现资源与资本对接，优势互补，珠联璧合，逐步带动区域内十多个旅游扶贫重点村和特色旅游村1000多名贫困人口吃上“旅游饭”。

五是软硬兼施，优化环境。积极引导村民参与乡村旅游，探索完善旅游扶贫利益联结机制和村集体创收机制，围绕旅游发展种养业和开展接待服务，同时在与游客的交流中增长见识、提高素质。在政策支持上，对带动作用大、安置就业多的旅游项目，实行一项一策、一事一议、特事特办的政策；对特色旅游村、休闲农庄和特色农家乐，在水、电、路、讯、房、厕、厨等基础设施方面给予重点扶持。

第二节　区内乡村旅游整村推进与品牌建设案例

一、呼和浩特市水磨村——乡村旅游看的见乡愁和未来

呼和浩特市新城区保合少镇水磨村在政府的大力支持下，依靠原生态自然风光，大力打造水磨民俗文化村，并积极发展农家乐和民宿，日渐红火的旅游业给小镇带来了人气，也带来了财气。

从2012年开始，水磨村启动新农村建设，2015年完成改造，共建起176套独栋小二楼。目前，80%的村民回迁，很多外出打工的年轻人也陆续返乡，在村里办起民宿，搞起旅游，依靠发展农家乐富了起来。随着新农村建设改造完工，村里的路平了，来旅游的人也多了起来，生意越来越好，元旦和春节还接到不少订单，除了接待本市市民，还有来自山东、北京、台湾

等地的游客陆续到来。

水磨村以“村民人人做股东，让水磨村焕发出新的经济活力”为目标，积极筹划建立水磨民俗文化旅游公司，打造以“登骆驼山、赏水磨沟、吃农家菜”为核心的水磨村民俗文化一日游等活动，延伸乡村旅游产业链。

二、通辽市科左后旗车家窝堡村——整村参与乡村旅游，携手康庄路[1]

通辽市科左后旗散都苏木车家窝堡村以村集体经济形式，于2014年6月开发建设的草甘沙漠旅游景区，是集沙漠、山林、草地、湖泊、沼泽等于一体的生态型沙漠旅游景区。2016年被评为国家2A级景区，2017年被评为国家四星级自驾运动营地，2018年提质升级为国家五星级自驾运动营地，并获得通辽市乡村旅游范例奖，被列入自治区第一批旅游扶贫示范项目。2019年，车家窝堡村被自治区推荐列入全国旅游重点村名录。

（一）把发展乡村旅游作为脱贫目标重要手段

车家窝堡村原是一个典型的贫困村，总土地面积86000亩，其中31000亩为寸草不生的荒漠。由于地处科尔沁沙地边缘，人均耕地少，土地贫瘠，人均收入始终不足3000元。脱贫攻坚战开始之前，全村共有663户、2047人，其中还有贫困户85户、246人。2014年，车家村利用地处蒙辽交界区位和交通的优越性，地形地貌的多样性，民族文化元素的丰富性，因地制宜发展旅游业，带领群众脱贫致富，以村集体经济的形式建起了草甘沙漠旅游景区。

1　根据草甘沙漠风景旅游区《旅游助脱贫，携手康庄路》（汇报材料）整理而成。

（二）以创建景区为手段提升整体服务水平

明确了开发乡村旅游景区带领群众脱贫致富的目标后，发动全体村民共同参与，边建设边开放，边经营边宣传，边营利边投入。景区连续成功举办了三届由名家名人参与的草甘沙漠旅游节，为景区发展攒了人气、聚了财气。推进与辽宁省康平县卧龙湖景区的区域旅游合作，实现联票经营、旅游资源共享。组织员工到鄂尔多斯响沙湾等地外出培训，强化人才培训，提高景区整体服务质量和水平。通过三年多的不懈努力和滚动式投入运营，景区很快成为拥有固定资产 2100 万元，拥有包括蒙古包宾馆、木屋宾馆、集装箱宾馆、水泥宾馆、帐篷住宿、房车露营地、VR 体验馆、攻防箭等 15 项体验项目在内的远近闻名的中小型旅游企业。景区的不断壮大，带动着越来越多的村民参与经营，这让村民普遍意识到，景区是真的致富法宝，开始积极主动地融入到旅游开发中来。

（三）多措并举不断增加村民参与度

在上级有关部门的协助下，车家窝堡村两委先后为 24 户贫困户申请农行和信用社三年期贷款 120 万元（每户 5 万元），以入股形式投入到景区扩建中，每年为每户贫困户分红 5000 元，三年后，由景区全额偿还贷款本金；为 7 户贫困户协调旗扶贫办以奖代补项目资金 9.1 万元入股景区，连续四年每年为每户贫困户分红 3000 元，并且为贫困户免费提供摊位出售特色农副产品，确保其收益可持续，不返贫；先后录用有劳动能力的贫困户共 20 人在景区从事保安、售票员、清洁员、牵骆驼等工作，以就业形式实现每年每人增收近 2.4 万元；扶持贫困户开办农家乐、牧家乐、特产店等经营项目，年户均增收 5 万元以上。在景区的带动下，村集体经济年增收 400 万元，17 户贫困户在景区的扶持下于 2017 年顺利脱贫，2018 年实现了全部脱贫。

三、兴安盟阿尔山市白狼林俗村——特色化带动乡村旅游

白狼林俗村是东北林区的一个典型村落，位于兴安盟阿尔山市白狼镇南部，林俗村南北长 300 米，东西宽 200 米，面积 6 万平方米，现有住户 76 家，人口 240 多人，多为林业职工家庭。有蒙、汉、满族等民族，以汉族人口居多。2003 年由白狼林业局建立，可以充分了解和感受原汁原味的林区生产生活方式，体验几代林业工人的创业历程。2013 年获得“自治区级休闲农牧业与乡村牧区旅游示范点”，2014 年获得农业部“中国最美休闲乡村和中国美丽田园”称号。

林俗村内建有林俗博物馆，建筑面积 600 平方米，2011 年建设完成并开放，是内蒙古首家以林俗文化为展示内容的博物馆，已申报为自治区非物质文化遗产，并在国家工商局注册了“林俗博物馆”的旅游产品商标。林俗博物馆重视文化的原生态，尽可能保持自然原貌，用独特的视角和展览方式来体现林俗文化的内涵，博物馆内共分七个展区对林俗文化进行系统的展示：①沧桑岁月（解放前）；②开拓建设（解放后）；③林产工业；④旅游；⑤文化体育；⑥野生动植物；⑦人物、荣誉。通过文字、图片、实物、场景展示等重现过去林业工人的生产、生活场景，使观众能够全面了解务林人艰苦奋斗的创业历程和无私忘我的奉献精神，体验林俗文化的鲜明特征和独特魅力。

以林俗村为重点，阿尔山市对白狼镇十余户林家饭庄、家庭旅馆进行林俗特色改造：外墙全部采用传统的木刻楞进行装修，封上红色的楞形屋顶，在白狼地区的蓝天白云、绿树青山或皑皑白雪的衬托下显得格外漂亮。屋内保留了火墙火坑，却新增了卫生间，房屋内外还点缀着狍子角、桦树皮画、板皮浮雕等林区特有的装饰品，既有浓郁的林区风情，又舒适美观。

每年的 8 月 18 日，白狼林俗村都会举办以“走进边陲林家、体验林俗

风情”为主题的“林家乐”活动周，活动由劳动竞技、林俗风情文艺表演、体育比赛、卡拉OK大赛、金秋摄影比赛、旅游纪念品展销六个部分组成。在这些独具林区特色的植树、登山、锯木段、劈拌子、抬木头、弹弓打瓶子、踢口袋、射击、溜圈等娱乐赛事活动中，游客能够亲自体验林区伐木工人的工作流程。

第三节 区内乡村旅游精细化经营管理案例

一、呼和浩特市内蒙古博煜农林牧——以乡村旅游助力精准脱贫[1]

位于呼和浩特市的内蒙古博煜农林牧开发有限公司紧紧依托当地土壤及气候资源条件，结合现代科技致力于清水河县特色种养殖产品的引进与开发，按照休闲生态旅游的总体规划，打造了一个集窑洞民居、特色水果采摘、黄河水产养殖、农作物加工销售、禽类养殖和体验当地民俗文化为一体的原生态文化体验基地，并始终在不断拓展农民稳定就业和持续增收渠道。

（一）立足资源，因地制宜

企业结合景区周边资源有针对性的开展旅游产品挖掘开发，结合旅游业发展资源实际，因地制宜地打造土特产品包装，实施景区带动，优先夯实旅游扶贫基础。以景区为主要开发平台，做好、做精旅游业发展，带动一、二、三产联动发展，提高景区内贫困乡村居民就业，增加农民收入。

1 根据内蒙古自治区文化和旅游厅《全区乡村旅游及旅游产业扶贫经验交流材料汇编》（内部资料，2019年）整理而成。

企业积极制订帮扶计划。在企业所属海红果园达到盛果期时，将果园按照2亩为一个承包单元，免费承包给贫困户经营，基地对承包贫困户进行技术培训，签订承包合同，建立档案卡。承包单元的管理将严格按照公司要求进行，统一水肥、统一技术，公司向承包户免费提供管护所需农资。秋季海红果成熟后，公司按照不低于2元/斤的保护价格回收全部产品。1000亩海红果园，可带动500户贫困户参与到果园的建设和管理中，按照每亩收益4000元计算，每个承包单元可年收入8000元。同时，承包户可在果园内进行农作物套种，也可发展林下动物养殖，所产生收益归承包户所有，提高了承包户收益，让广大农民在乡村振兴中有更多获得感、幸福感、安全感。

（二）产业联动，协同发展

一是整合挖掘景区内山区乡村本土经济资源，企业带动农民成立以“互联网+精准扶贫+合作社”等新型农业经营主体，有效整合资源优势共同发展，带动贫困农民脱贫致富；二是返聘技术人才，吸纳培养人才，通过返聘部分贫困家庭技术性人才，广纳招贤，培养本土专业性操作人员共同开发景区旅游发展；三是加快产业项目实施，带动乡村经济，自公司开发建设景区旅游项目以来，公司采取多种模式带动农户共同发展；四是以“互联网+精准扶贫+合作社”等新型农业经营主体发展，有效带动广大农民增收、脱贫。

在旅游项目规模发展的同时，着力改善贫困乡村基础建设，对外推介招商引资，开发建设乡村旅游民俗文化项目，与当地群众互补发展，带动农民发家致富。同时，通过“走出去、引进来”战略思想，引导贫困农民发展以农家乐为主体的乡村旅游产业，结合企业优质旅游产业项目优惠政策，带动农民科学化、规模化经营发展，有效解决景区辐射范围内贫困乡村脱贫致富。

二、通辽市内蒙古金禾湾农业发展有限公司——龙头企业带动乡村旅游[1]

内蒙古金禾湾农业发展有限公司位于内蒙古通辽市科尔沁区哲南农场五分场，是一家集生态种植、生态养殖、农副产品深加工、餐饮、住宿、休闲度假、自然观光为一体的田园综合体。2017 年金禾湾被自治区农牧业厅、旅发委评为自治区级休闲农牧业与乡村牧区旅游示范点，2018 年荣获通辽市旅游扶贫突出贡献奖。金禾湾携手哲南农场，通过规划引领、“旅游 + 扶贫”等途径，加快景点旅游向全域模式转变，有力带动群众脱贫致富。以点带线，打造旅游扶贫示范带。

（一）积极引导贫困户利用优良旅游资源参与经营

金禾湾通过哲南农场与贫困户沟通协商，以自愿的方式，引导贫困户利用家中的土地入股。2012 年，金禾湾注册了金羽金禾水稻合作社，按照“土地核资、界定成员、量化资产、设置股权、收益分配”的步骤和要求，通过分场协调，与农户签订合约，把贫困户的土地集中置换到到金禾湾周边，由金禾湾统筹经营生态绿色水稻，提高土地附加值，每亩地均估价为 400 元，合作社根据土地入股比例，纯利收入的 70% 作为年底分红，剩余 30% 作为次年合作社发展扩建资金。截至 2018 年，水稻合作社成员有 35 户，水稻种植面积已经达到 3023.1 亩。

（二）在产业扶贫上下功夫，大力丰富旅游商品

金禾湾设立爱心稻田，由游客认养，获得高品质大米的同时，实现了爱心帮扶。金禾湾承担种地成本，高附加值部分按亩返还给贫困户，认养费 4400

1 根据金禾湾助力旅游扶贫典型材料《龙头企业引领，带动贫困户脱贫致富》整理而成。

元中，贫困户可实现每亩1000元的收入，人均增收5000元/年。从根本上解决了贫困户没有劳动能力，没有种植本金，没有种植技术，普通流转费低的问题。成立生态产品专卖店，设立爱心超市，收购贫困户家里种植的农副产品，通过自家专卖店出售，带动周边贫困户增收致富。金禾湾主动联系贫困户，免费运输贫困户家中的农副产品，把贫困户家里种植的庭院生态绿色蔬菜，以及水果、谷物等农副产品，通过金禾湾设在通辽市区内的专卖店变现。同时设立爱心柜台，在店内的醒目位置张贴贫困户简介和微信二维码等，游客扫描二维码直接将农副产品的钱支付给贫困户。

（三）注重引领游客参与旅游扶贫

金禾湾把经营七年的果园捐献出来，变为爱心果园，免费提供200棵果树苗，并负责果树日常维护。同时在果树上挂上认养卡、扶贫对象的简介以及哲南扶贫办收款二维码。农场扶贫办负责提供贫困户花名册，提供家庭相关信息。通过游客认养果树、采摘水果获得收益，每棵树收入100~200元不等，游客通过微信支付将钱支付到哲南农场扶贫网卡中（设收款二维码），由农场扶贫办或计财办统筹发放给贫困户。

（四）积极带动贫困户参与旅游服务

启动旅游扶贫行动，优先为贫困户提供30余个就业岗位，仅工人开资一项，金禾湾每年支出近300万元，充分体现了金禾湾积极履行社会责任、热心参与脱贫攻坚的责任担当，以期影响和带动更多的旅游企业和游客加入到奉献爱心、助力脱贫的行动中来，进一步营造全社会关心帮助贫困群众脱贫致富的良好氛围。目前长期雇用余粮堡、哲南农场等地区的村民50余人，农忙时，临时雇工人数能达到一二百人。吸纳贫困户人员务工，为有劳动能力的贫困户家庭提供旅游服务就业岗位。

三、包头市掌生谷粒现代化农业示范园区——以休闲农业引领乡村旅游

掌生谷粒现代化农业示范园区位于包头市九原区哈林格尔镇，成立于2011年，占地428.3亩，已建成温室蔬菜区、绿化苗木生产区、养殖业生产区、休闲功能区等多种形态的生态园区，以发展设施农业为主线，兴建休闲观光农业示范园区，是现代农业发展的典型代表，具备度假旅游、蔬果采摘、休闲娱乐等功能，2013年被评为自治区5星级乡村（牧区）旅游接待户。

掌生谷粒现代化农业示范园推出的“我与小树共成长”亲子活动（见表4-1），以在拉手网团购的方式开展，每券售价159元，每张拉手券最多2人使用，并赠送每个儿童小礼品一份，赠送每个家庭绿色新鲜无公害蔬菜一箱（3~4斤，菜品随机搭配）。提供的拉手券包括：车费（一名成人和一名儿童）、餐费（一名成人和一名儿童）、保险（一名成人和一名儿童）、树苗一棵、祈愿卡一张。

表4-1　“我与小树共成长”亲子活动安排一览

项目	要求
活动时间	每周六日
集合时间	上午8:00
集合地点	一宫
活动基地	掌生谷粒现代化示范园区
活动要求	一名儿童至少有一名家长陪同

项目	要求
活动内容	第一项：自行采摘各种应季水果蔬菜（价格为草莓40元/500克，芹菜3元/500克，油麦菜3元/500克，油菜3元/500克等）
	第二项：享用丰盛午餐八菜一汤（有部分菜品可能需要亲子共同完成，如包饺子）
	第三项：亲子游戏（珠行万里、齐心协力、蒙眼过障碍或文艺表演等）
	第四项：寻找属于自己的绿化地（挖坑、种树、浇水，并为小树祈愿祝福，赠送护树卡）
	第五项：和小树合影，评选“绿色小卫士”

四、鄂尔多斯市鄂托克旗锡林塔拉草原度假村——游牧文化彰显乡村旅游特色

锡林塔拉草原度假村位于鄂尔多斯市鄂托克旗，占地 4000 平方米，是内蒙古自治区规模最大的牧家乐之一，2011 年被评为鄂尔多斯市农（牧）家乐旅游典型示范户，2012 年被评为自治区四星级乡村旅游接待户，2014 年被评为自治区五星级乡村（牧区）旅游接待户，2015 年被国家旅游局授予“中国乡村旅游金牌农家乐”称号。

近年来，随着锡林塔拉草原度假村知名度的逐步提升，前来旅游观光度假的游客逐步增多，为了提高接待能力和服务质量，该度假村于 2013 年在原有接待能力的基础上，扩建蒙古包 15 个，占地面积 1200 平方米，厨房 325 平方米，已全部投入使用。2015 年景区开展了内部绿化、道路硬化、1000 米护栏以及道路至景区内部的道路硬化工程，新建蒙元文化大门 1 处以及旅游

厕所、停车场、蔬菜大棚、烧烤场地、儿童娱乐区、篝火晚会区等娱乐设施，同时景区还新增了草原排球场、篮球场等体育健身设施，购置了 20 多顶太阳伞，丰富了游乐项目，满足了游客的需求。

锡林塔拉度假村最具知名度的特色美食是烤全羊和“羊背子”，也是鄂尔多斯蒙古族招待贵宾的名贵菜肴，还有地方特色浓郁的蒙餐和沙野菜。在草原上策马扬鞭、尝牧家饭、跳蒙古舞、住蒙古包、骑马拍照、参加篝火晚会，领略草原自然风光，感受原汁原味的民俗风情。

五、包头市达茂旗古列延[1]牧家乐——参与性、娱乐性丰富乡村旅游内涵

古列延牧家乐位于包头市达尔罕茂明安联合旗希拉穆仁镇，于 2012 年并开始营业，占地 120 亩，是希拉穆仁草原规模最大、硬件设施最好的度假村之一，2014 年被评为自治区五星级乡村（牧区）旅游接待户。

古列延牧家乐内设有宫帐包、商务包、景观包等多种房型，所有房间内都设有独立卫生间和淋雨设备，24 小时提供热水，大部分房间设有空调。所有房间的床单、被罩、备品均每日一换，度假村内设有多顶宴会蒙古包，可以满足各种规模的宴会。

古列延牧家乐设有多种娱乐项目，主要免费项目有观看传统蒙古族赛马、摔跤（每日 9:00—17:00）、蒙古族特色篝火晚会（每日 21:00—21:50），主要收费项目有骑马、射箭、勒勒车、卡丁车（每日 9:00—17:00）。同时，古列延牧家乐可以提供从希拉穆仁镇到度假村的引领服务。

1 “古列延”为蒙古语，意思是成吉思汗打仗时在前沿设置的行军大营。

六、呼伦贝尔市伊克萨玛[1]森林人家——林俗文化构建特色乡村旅游

伊克萨玛森林家人位于呼伦贝尔市所属根河市（县级市）满归镇伊克萨玛国家森林公园内，主要有住宿和餐饮设施，住宿设施由原来林场职工宿舍改造而成，建筑具有木刻楞[2]模式特点，共 8 栋、32 套，2015 年被评为自治区五星级乡村（牧区）旅游接待户。

伊克萨玛森林人家最大的特点是周边森林旅游资源丰富，独具北国特色，并设有专门的森林历史文化展览室，与公园内的月牙湾、脚印湖、姊妹湖、生态园、西伯利亚红松林、省界景区等近 20 个自然景观联系紧密，且方便到达。

七、巴彦淖尔市临河区黄河渔村——特色明确、乡村旅游吸引力巨大

黄河渔村位于巴彦淖尔市临河区双河镇境内，是巴彦淖尔市“渔家乐”旅游示范点之一，2006 年建成，总占地面积 8.7 公顷，其中天然水面 5.3 公顷，2012 年被评为自治区 5 星级乡村（牧区）旅游接待户。

黄河渔村建有 275 平方米餐饮大厅 1 个，总面积 300 平方米的休闲雅间 10 间，总面积 80 平方米的蒙古包 6 座，可提供地道的河套农家和渔家风味美食，在渔村的核心地及两个蒙古包群的附近都设有水上公园，一律用树枝搭成的茅屋，供游人遮阳小憩。两个渔村中间，是一个硕大的圆形土台，高数丈，

1　“伊克萨玛”是鄂温克语，意思为“美丽宽阔的河”。

2　木刻楞是俄罗斯族典型的民居，具有冬暖夏凉、结实耐用等优点。木刻楞的建筑方法，主要是用木头和手斧刻出来的，有楞有角，非常规范和整齐，所以人们就叫它木刻楞房。修建木刻楞房的第一步是要打地基，地基都是石头的，而且要灌上水泥，比较结实。第二步就是盖，把粗一点的木头放在最低层。一层一层地叠垒，第二层压第一层。修建木刻楞房一般情况下不用铁钉，通常都用木楔，先把木头钻个窟窿，再用木楔加固。

有石砌的台阶可以攀登，达到顶端，河滩及黄河主河道的全景一目了然。渔村还在水上建有100米的观光大铁桥，可供游人参观水上风光。渔村年接待人数约10万人次，营业收入180万元，带动农牧民就业人数24人。

当地的美食特色是品尝开河鱼，每年开河是渔村鱼最肥美的时候，每斤大约50元，还有炖鸡、鸭、鹅，都是农家自养，每斤大约40元。主要旅游活动项目有垂钓、水上划船、水上自行车等水上娱乐项目。

黄河渔村与周边景区已形成旅游线路，具体为黄河渔村—黄河湿地公园—河套博物院—巴彦淖尔市地质博物馆—浩彤现代农业观光园—四季青高科技生态农业园区—青清湖旅游区，并常年举行“黄河开河鱼”等旅游节庆活动。

八、呼伦贝尔市老渔头休闲农庄——依托良好的自然环境发展乡村旅游

老渔头休闲农庄位于呼伦贝尔市扎兰屯市卧牛河镇三道桥一组，距离市区25千米，占地1000余亩，是以垂钓为核心，集休闲、观光、采摘、农家体验为一体的综合性乡村旅游景点，农庄四周峰峦叠嶂，群山苍翠，植被覆盖率95%，形成了与城市环境互补的“康乐型”旅游资源环境。2014年被评为自治区三星级乡村（牧区）旅游接待户。

老渔头休闲农庄设有垂钓区、果园区、农作物采摘区、接待区四大功能区。鱼塘位于农庄中心位置，面积200余亩，养殖鲤鱼、鲢鱼、草鱼、鲫鱼、鲶鱼、胖头鱼等多种鱼类，适合为游客提供垂钓以及烧烤服务。果园位于农庄东侧山上，面积200余亩，有沙果、榛子、樱桃、李子等，可供游客上山远眺时休闲采摘。农作物采摘区位于农庄东北面，面积150余亩，种植有西红柿、茄子、豆角、辣椒、玉米、土豆、窝瓜、角瓜等农作物产品，是品尝绿色农产品的理想选择。接待区位于农庄北侧，可容纳400余人同时就餐，农家室内设计自然简朴、舒适整洁，可就地取料，提供特色农家风味的绿色菜肴。

下篇

实践

内蒙古乡村旅游实务

第五章　内蒙古乡村（牧区）旅游接待户评定与管理

第一节　星级乡村（牧区）旅游接待户概念

一、乡村（牧区）旅游接待户的范畴

（一）乡村（牧区）旅游接待户的定义

乡村（牧区）旅游接待户是利用农、牧、林区等自然景观和农村、牧区、林区的生产、生活等资源吸引旅游者，为旅游者提供特色餐饮、住宿、观光、休闲、娱乐和购物等活动的场所，以企业、合作社、家庭为经营主体。根据实际情况，在农业地区开展经营（或体现农业特点）的一般被称为“乡村旅游接待户”，在牧业地区开展经营（或体现牧业特点）的一般被称为“牧区旅游接待户”。

（二）乡村（牧区）旅游接待户的发展历程

1. 评定标准的制定过程

为了规范内蒙古乡村旅游高质量发展，内蒙古积极在全区推行接待户星级评定工作，2011 年出台了《内蒙古自治区乡村旅游家庭接待户划分与评定标准》[1]（原内蒙古自治区旅游局颁布）并开展了家庭旅游接待户评选，2018 年新的管理办法即《内蒙古自治区乡村（牧区）旅游接待户星级评定管理办法》

1　此标准未单独划分“乡村旅游接待户”和“牧区旅游接待户”，统称为“家庭旅游接待户”。

（2018年由原内蒙古自治区旅游发展委员会颁布）出台，将“家庭旅游旅游接待户”评选延伸为“乡村（牧区）旅游接待户”评选。

2. 乡村（牧区）旅游接待户数量

截至2018年，内蒙古共有乡村（牧区）旅游接待户4584家，其中，星级旅游接待户750家，包括五星级126家（见表5-1）、四星级210家、三星级331家。五星级乡村（牧区）旅游接待户最多的地区是呼伦贝尔市（20家），高星级乡村（牧区）旅游接待户最多的地区是包头市（46家，其中，五星级17家、四星级29家）和鄂尔多斯市（46家，其中，五星级16家、四星级30家）。

表5-1　2018年内蒙古各盟市五星级乡村（牧区）旅游接待户分布

地区	呼和浩特市	包头市	呼伦贝尔市	兴安盟	通辽市	赤峰市	锡林郭勒盟	乌兰察布市	鄂尔多斯市	巴彦淖尔市	乌海市	阿拉善盟	全区
数量	10	17	20	9	4	6	6	17	16	13	2	6	126

资料来源：内蒙古文化和旅游厅《内蒙古自治区旅游资源开发单位名录》（2019年4月）。

（三）乡村（牧区）旅游接待户的发展特点

内蒙古的乡村（牧区）旅游接待户已经从发展初期只提供相对单一的餐饮接待、简单体验服务，发展到了融合了休闲度假、文化体验、康体养生等特点的综合性服务。从普通的农家乐、牧家乐、林家乐、渔家乐等初级乡村旅游产品，发展到了基本具备现代休闲农（牧）场、乡村营地、乡村民宿、乡村庄园、乡村展览室、特色民宿等复合型乡村旅游产品阶段。

二、乡村（牧区）旅游接待户的星级评定

（一）评定工作的开展基础

乡村（牧区）旅游接待户星级评定工作，根据原内蒙古自治区旅游发展委员会颁发的《内蒙古自治区乡村（牧区）旅游接待户星级评定管理办法》（2018年颁布，详见附录1）开展工作，乡村（牧区）旅游等级评定主要依据内蒙古《牧区旅游接待户星级评定标准》（DB15/T 1444—2018，详见附录2）《乡村旅游接待户星级评定标准》地方标准（DB15/T 1445—2018，详见附录3）、执行。

（二）乡村（牧区）旅游接待户的等级划分

乡村（牧区）旅游接待户星级评定，按照设施建设和服务情况，分为三类星级，分别五星级、四星级、三星级，以金色☆表示，一个金色☆表示一级，最低标准为☆☆☆，☆级越高表示乡村（牧区）旅游接待户的设施建设和服务综合实力越强。

三、星级乡村（牧区）旅游接待户评定需提交文件

（一）申请原则

乡村（牧区）旅游接待户星级评定采用自愿原则。内蒙古自治区范围内，正式营业一年以上的乡村（牧区）旅游接待户，均可申请参加乡村（牧区）旅游接待户星级评定。

（二）提交材料要求

申请时应提交以下文件：接待户名称、经营者姓名、地址、开业时间、从业人员数量、统一社会信用代码证复印件、卫生许可证复印件、工商、税务执照，企业简介（包括设施建设情况、经营情况、带动就业情况、主要活动项目

的图片或视频资料）。

四、乡村（牧区）旅游接待户的分级评定

乡村（牧区）旅游接待户星级评定采用分级评定。内蒙古自治区文化和旅游厅负责五星级乡村（牧区）旅游接待户的评定和管理工作；三、四星级评定和管理工作由盟市旅游行政主管部门负责，报自治区文化和旅游厅备案。备案材料需提供盟市、旗县旅游主管部门的批复和备案表及相应的图片及视频材料。

第二节　星级乡村（牧区）旅游接待户评定标准

一、星级评定工作的开展

（一）星级评定的基础工作

1. 主要执行标准

依据内蒙古地方标准《乡村旅游接待户星级评定标准》（DB15/T 1445—2018）、《牧区旅游接待户星级评定标准》（DB15/T 1444—2018）执行，在必备检查项目全部合格后，方可开展评定评分。

2. 评定原则

评定工作按照申报程序和流程，依据公平、公正、公开的原则进行。

（二）星级评定工的内容与要求

1. 必备检查项目的要求

必备检查项目（即《乡村旅游接待户星级评定标准》的附录 A、《牧区旅游接待户星级评定标准》的附录 A）规定了乡村（牧区）旅游接待户参与星级评定应具备的必要条件，乡村（牧区）旅游接待户须满足全部条件后才具备评定资格。

乡村（牧区）旅游接待户各项必备检查项目主要包括证照合格、明码标志、重大事故、房屋特色、水冲厕所、咨询电话 6 个部分，乡村（牧区）旅游接待户星级评定必备项目检查表（即《乡村旅游接待户星级评定标准》的附录 A、《牧区旅游接待户星级评定标准》的附录 A）必须全部满足（见表 5-2）。

表5-2　乡村旅游接待户星级评定必备项目检查

序号	项目	是否达标
1	证照齐全，亮照经营，按照规定的经营范围开展经营活动	
2	明码标价，诚实守信	
3	三年内未发生重大责任事故，包括重大安全事故、重大环境污染事故、重大食品安全事故、重大社会治安事件、重大违法用地事件、重大生态破坏事件、群体性传染病事件等造成社会不良影响的事件	
4	房屋具有特色	
5	配备水冲厕所	
6	公布旅游咨询电话、投诉电话，保持电话畅通，有人接听	

资料来源：内蒙古文化和旅游厅《内蒙古自治区旅游资源开发单位名录》（2019 年 4 月）。

2. 评分指标项目的要求

乡村（牧区）旅游接待户星级评定评分指标（即《乡村旅游接待户星级评定标准》的附录 B、《牧区旅游接待户星级评定标准》的附录 B）规定了星级评定的具体指标、分值及等级，总分为 100 分，以评定分值多少确定接待户相应星级。乡村（牧区）旅游接待户不同的星级应达到的最低分数为：三星级 70 分，四星级 80 分，五星级 90 分。

乡村（牧区）旅游接待户评分细则涉及了5个方面的具体要求，分别是环境要求、安全要求、设施要求、综合效益和制度要求，满分100分，各项分值各不相同（见表5-3）。“设施要求”项目所占分值最高（乡村旅游接待户为61分，牧区旅游接待户为63分），包括了9个分项，分别是建筑风格、餐饮场所、住宿场所、娱乐场所、厕所、停车场、标识、购物场所、信息服务的设施要求。

表5-3　乡村（牧区）旅游接待户星级评定评分项目及分值

序号	项目	分值
1	环境要求	10
2	安全要求	10
3	设施要求	61（63）
4	综合效益	13
5	制度要求	6（4）
总分		100

二、星级评定工作程序与动态管理

（一）评定工作程序

1. 四星级及以下星级评定单位

四星级乡村（牧区）旅游接待户评定，由旗县旅游管理部门向盟市旅游发展委员会提出书面申请并提供相应的申报材料，由盟市旅游发展委员会组织专家对申报资料进行审核、实地评定。

2. 五星级评定单位

五星级乡村（牧区）旅游接待户评定，由盟市旅游发展委员会向内蒙古自治区文化和旅游厅提出书面申请并提供相应的申报材料，由内蒙古自治区文化和旅游厅组织专家对申报资料进行审核、实地评定。

3. 评定专家组成及评定结果的发布

乡村（牧区）旅游星级接待户评审专家组组成不少于三人。评定符合标准的乡村（牧区）旅游接待户，由负责评定的旅游管理部门批准其星级，向社会公布。

（二）评定实行动态管理

每年由相应的评定旅游管理部门对乡村（牧区）旅游星级接待户进行抽查复核，抽查比例不得小于星级接待户的 60%，对达不到标准要求的将降星或取消其星级。

第六章　星级乡村（牧区）旅游接待户标准化建设

第一节　星级乡村（牧区）旅游接待户规范化要求

乡村（牧区）旅游接待户建设与运营要符合乡村（牧区）旅游接待户星级评定评分指标（即《乡村旅游接待户星级评定标准》的附录 B、《牧区旅游接待户星级评定标准》的附录 B）的 5 项要求，具体从“环境要求”（第 1 项）、“安全要求”（第 2 项）、“设施要求”（第 3 项）、“综合效益”（第 4 项）和“制度要求”（第 5 项）开展规范化建设和运营管理，主要目的是体现出星级乡村（牧区）旅游接待户“住农（牧）家屋、吃农（牧）家饭、干农（牧）家活、享农（牧）家乐”的体验特点。

一、环境要求建设

（一）总体要求

《乡村旅游接待户星级评定标准》的附录 B、《牧区旅游接待户星级评定标准》的附录 B 对“环境要求”（第 1 项）从五个方面进行了规范化要求（见表 6-1）：一是周边环境干净整洁，无污水、污物，无乱建、乱堆、乱放现象（1.1 项）；二是固体废弃物集中收集，定时清运，合理配置垃圾箱，垃圾日产日清，垃圾分类并及时清理（1.2 项）；三是不向周边水域或地下直接排放生活污水（1.3 项）；四是有无噪声干扰（1.4 项）；五是空气质量（1.5 项）。

表6-1　旅游接待户星级评定评分指标“环境要求”具体内容

	序号	评分标准	分值
1 环境要求 （10分）	1.1	周边环境干净整洁，无污水、污物，无乱建、乱堆、乱放现象	1
	1.2	固体废弃物集中收集，定时清运，合理配置垃圾箱，垃圾日产日清；垃圾分类并及时清理	2
	1.3	不向周边水域或地下直接排放生活污水	2
	1.4	有无噪声干扰：不明显得2分：明显得1分	2
	1.5	空气质量：好得3分；一般得2分：差得1分	3

（二）建设重点

1. 环境优美

乡村（牧区）旅游接待户在初步实现绿化的基础上，逐渐实现彩化（培植各种花木，达到五彩缤纷，四季有花的目的）、艺术化（即有一定的的格调、特色有一定的艺术质量和生态化（人与自然、动植物等和谐相处），逐步提高品位（见图 6-1）。

图6-1　乡村（牧区）旅游接待户的绿化与彩化

图片说明：左上图农家乐在接待设施墙体上绘制的农民画，左下图为兴安盟大米的稻田拼图（郝宁/摄），右图为额尔古纳市俄式民宿的特色绿化。

2. 垃圾处理

乡村（牧区）旅游接待户应设有垃圾处理系统，并放置一定数量的垃圾箱，布局合理，垃圾箱应完好整洁，有特点（见图 6-2、图 6-3），并及时进行清理。

图6-2　乡村（牧区）旅游接待户使用的各种简易垃圾箱

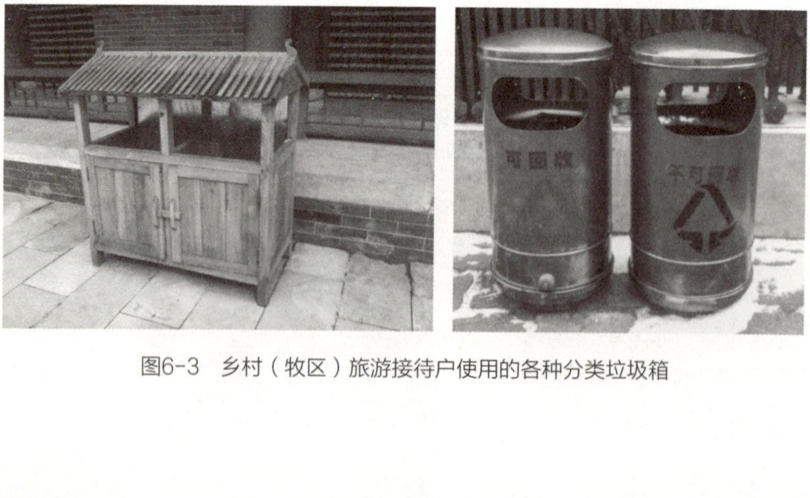

图6-3　乡村（牧区）旅游接待户使用的各种分类垃圾箱

二、安全要求建设

（一）总体要求

《乡村旅游接待户星级评定标准》的附录B、《牧区旅游接待户星级评定标准》的附录B对"安全要求"（第2项）从5个方面进行了规范化要求（见表6-2）：一是有临时性救护、防护设施及物品（2.1项），二是安全警示标志情况（2.2项），三是值守情况（2.3项），四是消防器材情况（2.4项），五是天然气、煤气远离火源（2.5项）。

表6-2　旅游接待户星级评定评分指标"安全要求"具体内容

	项目	评分标准	分值
2 安全要求 （10分）	2.1	有临时性救护、防护设施及物品	2
	2.2	有安全警示标志	2
	2.3	提供住宿服务的（乡村）牧区旅游接待户，有专人值守	2
	2.4	醒目位置备有消防器材，并定期检验、维护，保持完好有效	2
	2.5	天然气、煤气远离火源	2

（二）建设重点

1. 消防安全

加强乡村（牧区）旅游接待户用电、用气、用火安全规范化管理。乡村（牧区）旅游接待户经营场所墙体耐火等级、装修材料阻燃等级、消防池建立、灭火器设置、消防通道等消防设施都应有合理设置和安全规范。

2. 治安与公共安全

乡村（牧区）旅游接待户是集餐饮、住宿、娱乐为一体的公共建筑群，人员复杂，应逐步建立相应的治安设施，加强对游客财产和人身安全的保护（见图 6-4）。乡村（牧区）旅游接待户经营活动形式多样，公共安全主要涉及突发疾病、踩踏、拥挤、摔伤等突发伤害事故，乡村（牧区）旅游接待户应建立完善的安全预防措施和应急措施，制订对应的检查方案，加强日常安全预防措施的有效性督察（见图 6-5）。

图6-4　乡村（牧区）旅游接待户各种安全提示

图6-5　乡村（牧区）旅游接待户各种安全措施

图片说明：左图为乡村（牧区）旅游接待户采摘设施采取了硬化路面，防止雨天时游客在泥泞路面上滑倒；右图为乡村（牧区）旅游接待户对钓鱼设施采取了防护栏和防护链等安全措施。

三、设施要求建设

（一）总体要求

《乡村旅游接待户星级评定标准》的附录 B、《牧区旅游接待户星级评定标准》的附录 B 对“设施要求”（第 3 项）从 9 个方面进行了规范化要求（见表 6–3）：一是建筑风格（3.1 项），二是餐饮场所（3.2 项），三是住宿场所（3.3 项），四是娱乐场所（3.4 项），五是厕所（3.5 项），六是停车场（3.6 项），七是标识（3.7 项），八是购物场所（3.8 项），九是信息服务（3.9 项）。

表6–3　旅游接待户星级评定评分指标“设施要求”具体内容

序号	项目	乡村旅游接待户评分分值	牧区旅游接待户评分分值
3	设施要求	61	63
3.1	建筑风格	12	10
3.2	餐饮场所	8	10
3.3	住宿场所	10	10
3.4	娱乐场所	8	10
3.5	厕所	6	6
3.6	停车场	5	5
3.7	标识	5	5
3.8	购物场所	4	4
3.9	信息服务	3	3

（二）建设重点

1. 建筑风格

星级乡村（牧区）旅游接待户建筑要有特点，要与周边环境协调，足够接待游客（见图 6-6），并保证一定的绿化率。绿化率的提高，可通过建筑绿化、墙体绿化、墙面绿化、屋顶绿化、屋面绿化、屋顶花园，以及加强道路、庭院等的绿化面积来提高乡村（牧区）旅游接待户的绿化率。牧区接待户建筑装饰装修、内部陈设体现民族特色，布局和摆放方式符合民族文化习俗。

图6-6　各类乡村（牧区）旅游接待户营业主体建设图

图片说明：左图为牧家乐营业主体，右图为农家乐营业主体。

2. 餐饮场所

餐饮场所应布局合理，较好地实现服务功能。厨房应该具有一定使用面积，足够操作使用（见图 6-7）。同时厨房设施应该做到照明、通风、油烟排放及防蝇、防尘、防鼠设施齐全，污水、垃圾集中收集；冷藏、冷冻、消毒设施齐备（见图 6-8），生、熟食品分开存放；加工、烹调、洗涤等功能区分开设立，且有明显标识；餐具洗消间，餐具、厨具清洗、消毒、保洁设施充足有效（见图 6-9）；设粗加工间，设蔬菜清洗池和肉类清洗池，并有明显标识。

图6-7　乡村（牧区）旅游接待户适用的小型、中型与大型厨房

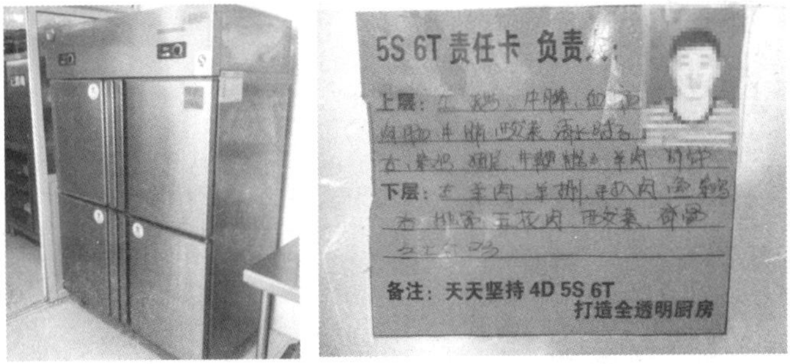

图6-8　乡村（牧区）旅游接待户应具备冷藏设备

图片说明：为加强对设备管理，可实行厨房设备负责制，对厨房工作人员每人划分责任设备，并设立责任卡。

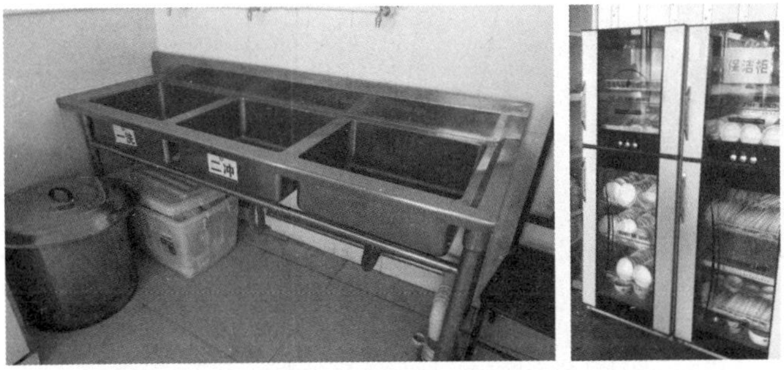

图6-9　乡村（牧区）旅游接待户餐具清洗与保洁

餐饮服务设施规范化。餐厅必须具有一定使用面积，应有防蚊蝇、蟑螂等设施，餐具、酒具、茶具等各种器具配套（见图 6-10），有消毒设施并及时消毒，食品、菜品时令新鲜，符合食品卫生标准，宽敞明亮，吊顶牢固美观，装修装饰具有浓郁的乡村和地方文化特色（见图 6-11、图 6-12），具有一定的特色菜点（见图 6-13、图 6-14），应具有 3 间以上的雅间，并备有菜单和饮品单。

图6-10　乡村（牧区）旅游接待户适用的各种餐具及特色餐牌

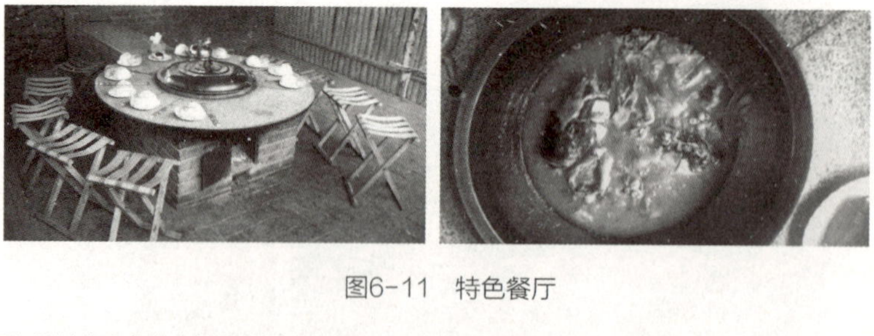

图6-11　特色餐厅

图片说明：图片为赤峰市宁城县地锅宴，其特点为在庭院中用篱笆围起院落，建有农家锅灶，俗称“地锅”。可炖鸡、鱼、排骨等，再配上山野菜，口味地道纯正，在周边地区小有名气。

图6-12　各类蒙餐餐厅设置

图片说明：蒙餐餐厅设计应体现特色与实用性，应标清餐包的名称，方便顾客查找。

图6-13　额尔古纳市冬妮娅餐厅特色菜点及菜单

图6-14　特色菜点及餐厅设置（蒙餐）

图片说明：应注重菜点的色彩与搭配，配置合理的餐牌，以凸显烹制材食，同时要注重餐厅的设置。

3. 住所场所

住宿接待场所（见图 6–15、图 6–16）应具有一定规模。对游客来说，舒适、干净的环境是最基本的，客房设施方面要求客房设置布局合理。其他客房服务设施方面，可以设有专门的住宿登记接待处，客房无单独卫生间的应有供住宿游客洗漱、洗浴的盥洗室，整洁卫生；有棋牌室、活动室、休息室、会议室；能够根据游客需要供应热水，24 小时供应热水。同时能提供信息查询、小件物品寄存、宣传品、雨伞、旅行日常用品、旅游纪念品、土特产品等综合服务。

图6-15　各种乡村旅游接待户客房

图6-16　带卫生间的蒙古包

4. 娱乐场所

娱乐场所应做到收费项目明码；有室外或室内娱乐活动场所，室内娱乐场所干净、整洁、通风良好；娱乐设施设备安全稳固，并定期维护，有必要的安全防护措施；提供具有乡村文化、草原文化或当地少数民族文化特色且参与性强的娱乐活动；娱乐项目提倡有针对游客的保险。

农牧业生产活动体验。乡村（牧区）旅游接待户可摆放一些反映当地浓郁传统文化和风土人情的劳动工具，这些劳动工具既可装点庭院，又可用来开发娱乐项目，一方面可以让游客参观，另一方面也可以让有些游客动手体验。比如，体现农业生产的盘磨（见图6–17），可以教游客用磨盘磨面等农业生产活动，而这恰恰是一种给游客带来乐趣的活动。

图6–17 各类农牧业生产体验活动展示

农牧业产品的加工与制作活动的体验。乡村（牧区）旅游接待户可开展农牧产品的加工与制作体验，让游客亲自参与有关加工、制作活动，让游客了解乡土产品的特色，增加乡村（牧区）旅游接待户的活动内容（见图6–18）。

图6–18 乡村（牧区）旅游接待户乡土产品加工、制作体验

乡村（牧区）旅游接待户是乡村文化的重要载体，可以通过交流、展示、拍卖销售等体验活动，让游客充分体验民俗（见图 6-19）。

图6-19　乡村（牧区）旅游接待户有特色的民俗用品陈列展示

除了享受农牧家餐饮、休闲外，还可以感受当地文化的独特魅力。譬如在冬季可以体验冬捕，在牧家乐可以体验那达慕、敖包祭祀等活动（见图 6-20）。

图6-20　乡村（牧区）旅游接待户提供的独特民俗体验

图片说明：从左至右分别为达里湖冬捕体验、射箭体验（绘画）、祭祀体验。

5. 厕所

厕所建设要满足接待量，星级乡村（牧区）旅游接待户一般要求有水冲式厕所。在厕所设施及管理方面，要求管理良好，清洁无异味，卫生条件符合要求；设计合理，与接待能力及服务功能相适应；装修装饰与周边环境和建筑相协调；采光、通风、照明条件良好（见图 6-21），可参考《旅游厕所建设指南》（详见附录 4）。

图6-21　乡村（牧区）旅游接待户外置独立厕所与厕所标识

如条件准许，厕所应有专人负责打扫，有除臭措施；冲洗设备完好，备有手纸、手纸框、衣帽钩、洗手池（备有洗涤用品）、烘手器、镜台等辅助设施（见图 6-22）；墙面贴满瓷砖，地面经防滑处理，有明显的指示标志和防滑标志。

图6-22　乡村（牧区）旅游接待户厕所设置及提醒标志

6. 停车场

配套与经营规模相匹配的停车场，停车场具有特色或文化性，与景观相适宜，停车场内有方向引导指示标识，设停车线、停车分区（见图 6-23）。

图6-23　乡村（牧区）旅游接待户停车场

图片说明：图为巴音淖尔草原牧家乐专用停车场，停车场实现了专人管理，分区摆放各种车辆，并画了停车线。

7. 标识

各功能区域设置指示、告知、引导标志和标牌，各种公共信息图形符号应符合《标志用公共信息图形符号》(GB/T 10001.1—2000)(见图 6-24)，同时标识应造型突出，艺术感和文化气息浓。标识牌和景物介绍牌设置合理，符合国家关于环境保护的要求，不造成环他公害，不破坏旅游资源和游览气氛。

图6-24　部分标志用公共信息图形符号

图片说明：《标志用公共信息图形符号》(GB/T 10001.1—2000)，于 2000 年实施。左图为“票务服务”(Tickets)，表示出售各种票据的售票处；中间图为“手续办理”或“接待”(Check-in, Reception)，表示办理手续或提供接待服务的场所；右图表示卫生间 (Toilet)。

应注重位置标志的应用，位置标志的版面构成一般有单一图形符号、单一文字、图形符号和文字组合三种形式。其中，单一图形符号形式的位置标志由图形符号、符号衬底色和（或）边框构成（见图 6-25），宜用于认知度、理解度高的图形符号，如公共卫生间、男卫生间、女卫生间、公用电话等。

由图形符号、符号衬底色和边框构成

由图形符号和符号衬底色构成

图6-25　单一图形符号形式的位置标志设计示例

乡村（牧区）旅游接待户所在村有公路与高等级公路相连，公路应为硬化路面。在主要公路路口应设有有明显的指路标识，方便游客识别和车辆进出，最好同时具有反光或 LED 等发光功能，方便游客夜间识别（见图 6–26）。

图6–26　星级乡村（牧区）旅游接待户交通指示牌

图片说明：左图为位于胡杨林景区内的胡杨女人家（牧区旅游接待户）指路标识，右图为包头市樊家小院发光路标。

8. 购物场所

购物场所应提供有特色商品，应做到明码标价、质量可靠。购物场所建设的核心在于游客服务，良好的购物场所是旅游景区其他配套服务项目的二次消费的重要基础，也有力地促进了地方相关产业链的有利发展。在总体布局上：旅游购物场所具有一定的面积，功能分区比较合理，为游客提供购物、休闲的空间，公共信息图形标志符合 GB/T 10001.1、GB/T 10001.2 和 GB/T 10001.5 要求（见图 6–27）[1]。

1　按 GB/T 10001.1（通用符号）、GB/T 10001.2（旅游休闲符号）和 GB/T 10001.5（购物符号）要求设置公共信息图形符号和指示标志。

图6-27　《标志用公共信息图形 第五部分：购物符号符号》（GB/T 10001.5）中有关牛羊肉（Beef and Mutton）、糕点(Pastries)、茶(Tea)的图形符号。

乡村（牧区）旅游接待户可以通过农牧产品的销售、展示等活动进行体验，一方面可以实现农牧产品的销售，另一方面可以很好地拓展旅游者对农牧产品的认知，增强他们的旅游体验（见图 6-28）。

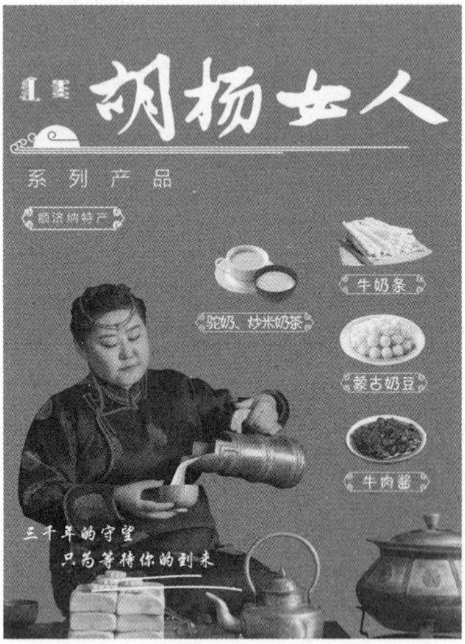

图6-28　阿拉善盟额济纳旗胡杨女人系列产品的销售广告

图片说明：阿拉善盟额济纳旗牧民巴依尔其木格，2017 年注册了“胡杨女人”商标品牌，并自己代言推出了“胡杨女人”系列驼奶茶粉、牛肉酱等产品，深受广大消费者的认可。

9. 信息服务

提供多种方式的信息咨询服务，具备在线支付、在线预订功能，提供无线上网服务。

四、综合效益建设

（一）总体要求

《乡村旅游接待户星级评定标准》的附录 B、《牧区旅游接待户星级评定标准》的附录 B 对"综合效益"（第 4 项）从两个方面进行了规范化要求（见表 6–4）：一是解决就业人口数（4.1 项），二是获得荣誉（4.2 项）。

表6–4　旅游接待户星级评定评分指标"综合效益"具体内容

	序号	评分标准	分值
4 综合效益 （13分）	4.1	20人及以上得5分；10~19 人得3分；5~9人得1分	5
	4.2	获得国家级及以上荣誉称号得8分；获得自治区级荣誉称号得5分；获得市级荣誉称号得3分	8

（二）建设重点

1. 解决就业人口数

乡村（牧区）旅游接待户股东或法人代表不计数，主要突出解决建档立卡贫困人口。

2. 获得荣誉

乡村（牧区）旅游接待户股东、法人或接待户获得的荣誉，分为国家级、自治区级、市级三类荣誉称号。

五、制度要求建设

（一）总体要求

《乡村旅游接待户星级评定标准》的附录 B、《牧区旅游接待户星级评定标准》的附录 B 对“制度要求”（第 5 项）从 4 个方面进行了规范化要求（见表 6-5）：一是有安全管理制度（5.1 项），二是有突发事件处理应急预案和应对机制（5.2 项），三是有服务管理规范（5.3 项），四是有岗位工作要求（5.4 项）。

表6-5 旅游接待户星级评定评分指标“制度要求”具体内容

	序号	评分标准	乡村旅游接待户评分分值	牧区旅游接待户评分分值
5 制度要求	5.1	有安全管理制度	2	1
	5.2	有突发事件处理应急预案和应对机制	1	1
	5.3	有服务管理规范	2	1
	5.4	有岗位工作要求	1	1

（二）建设重点

1. 制定安全措施

乡村（牧区）旅游接待户要做好安全设施，制定安全管理制度和应急预案，有紧急情况下游客疏散通道，有消防、防盗等设施，并且完好有效，易发生危险的设施、地段标有警示标志，防护设施齐全、有效，建立住宿登记制度并明示，备有游客常用、应急的非处方药品，主要从业人员经过消防、卫生、治安等知识培训。

2. 提高处置能力

相关人员应熟练掌握，提高管理者和从业人员的事故处置和防范能力，杜绝事故发生，减少事故损失。处在山区的乡村（牧区）旅游接待户要重点做好防火、冰雪防滑等易危害游客生命和财产安全的防范工作。以水资源开展活动的乡村（牧区）旅游接待户要高度重视水上娱乐、休闲、体验项目的安全经营工作，落实各项制度和措施。依托古村落和利用木结构房屋的乡村（牧区）旅游接待户，要按照规范整修用电线路，配备防短路引发火灾的基本设施，完善电器使用警示标识等。

3. 促进岗位服务规范

乡村（牧区）旅游接待户服务要按岗位提供规范化服务（见图 6–29）。乡村（牧区）旅游接待户从业人员应着装整洁，从业人员身体健康，持有卫生部门颁发的健康证上岗。主要从业人员经过接待服务基本知识的培训，文明礼貌，服务态度热情，能用普通话进行接待服务。

图6–29　乡村（牧区）旅游接待户服务规范

图片说明：左图为乡村（牧区）旅游接待户摆放整齐的餐具；右图为餐厅纸抽，应确认纸抽盒里纸抽充足。

第二节 星级乡村（牧区）旅游接待户管理实务

一、住宿接待问题处理

（一）盗窃事件的处理

客人在乡村（牧区）旅游接待户居留期间如丢失物品，乡村（牧区）旅游接待户经营者要视情节轻重，妥善处理，积极帮助查找。确认为盗窃案件后，还应通知相关人员，一般由客人自己向公安机关报案。

（二）客人遗留物品的处理

一般而言，客人遗留物品应填写一份“遗留物登记表”，写清时间、地点、名称、数量和特征。如客人查找遗失物品，核对准确后，请客人认领，客人来取时请客人填写签收单，证明遗失物品已取回。

客人遗留物品要妥善保管，价值高的物品应放入保险箱内保存。客人遗留物品价值小于100元的，保管时间为3个月；大于100元的物品，保管时间为1年。如超过保管期限，可移交有关部门（通常是公安局），并留取相应的证明。

（三）投诉处理

1. 宾客投诉原因

在乡村（牧区）旅游接待户中，最容易被客人投诉的原因主要有硬件设施设备的故障、服务质量问题、管理不善给客人带来损失或伤害、对相关规定的误解等。

2. 客人投诉处理程序

对于客人投诉，应做到认真做好相关记录、耐心回答宾客投诉、认真处理客人投诉和做好记录归档等工作。

二、餐饮接待问题处理

（一）个人卫生注意事项

乡村（牧区）旅游接待户餐饮工作人员的个人卫生直接或间接影响食品的卫生质量，需做到持证上岗（健康合格证明和食品卫生知识培训合格证），并培养良好的个人卫生习惯。

（二）餐厅环境卫生注意事项

餐饮一线服务人员使用的抹布、垫布每天要洗干净，用开水烫浸，以减少或杀灭细菌；托盘等工具要保持清洁；对不干净的餐具和台布、口布等要及时送去清洗，不可摆用；不准随地丢弃废纸、乱放茶杯和餐具等。

（三）厨房废弃物处理

厨房等可能产生废弃物或垃圾的场所均应设有废弃物容器。废弃物容器应该配有盖子，以坚固及不透水的材料制造，防止有害动物的侵入及不良气味、液体的流出。在加工经营场所外的适当地点设置废弃物临时集中存放设施，其结构密闭，应能防止害虫进入、孳生且不污染环境。

处理固体废弃物应该实现分类处理，可以在各垃圾桶内衬以垃圾袋，将垃圾按照是否可以回收进行分类，以体现乡村（牧区）旅游接待户生态、环保的理念。

（四）厨房员工卫生注意事项

建立严格的厨房清洁制度，各岗位相关人员按规定开展场所、设施、设备和工具的清洁卫生，使场所及其内部各项设施随时保持清洁；工作人员的工作衣、帽不得少于2套。制作熟食、卤菜的工作人员应配有3~5只口罩；厨房员工工作时应穿整洁的工作服，并带上工作帽。

三、乡村（牧区）旅游接待户经营指南

（一）开办所需资金筹措

1. 投资概预算

一般乡村（牧区）旅游接待户开办的概预算可分四个阶段：投资估算、概算、施工预算和决算。应对对筹资的渠道、资金的成本、预期收益、需要多少时间回收全部投资等进行仔细考虑，量力而行。

2. 乡村（牧区）旅游接待户开办所需支出事项

主要包括以下费用：人员的配置与培训费用、流动资金、房屋建筑费用、基础设施建设费（煤、水、电、采暖及道路等所需费用）、绿化及卫生设施建设费用、设施费（包括专用设施如客房设施、库房设施、烹饪设施、厨房用具等的费用和其他诸如清洁、消防、电视、音响、网络等设施所需的费用）、日用品费（日常使用或消费的器具、用品费用，如香皂、毛巾、稿纸等）、劳动成本（各类工作人员的工资费用）、银行利息、开办手续费等费用。

（二）乡村（牧区）旅游接待户开办经营所需人员配备

1. 经营者

乡村（牧区）旅游接待户的经营者通常指经理、财务负责人、营销负责人等主要管理人员，小规模、单户制的旅游接待户，这几个职位可由一人担任，较大规模的乡村（牧区）旅游接待户则一般由不同人员担任。

2. 厨房工作人员

一般应有厨师、面点师、冷菜人员、水杂人员、笼锅人员、墩子人员、炉灶人员、饭灶人员等。

3. 服务人员

服务人员主要包括迎宾员、餐桌服务人员、收银员、清洁员、客房服务人员等。

4. 其他人员

主要是维修工、保安员等。

附 录

附录1 内蒙古自治区乡村（牧区）旅游接待户星级评定管理办法

第一条 为了在全区推行乡村（牧区）旅游接待户星级评定工作，规范我区乡村（牧区）旅游的高质量发展，促进我区乡村（牧区）旅游的健康发展，特制定本办法。

第二条 乡村（牧区）旅游等级评定工作，依据内蒙古《乡村（牧区）旅游接待户星级评定标准》地方标准(DB15/T 1444—2018）/(DB15/T 1445—2018）执行。

第三条 本管理办法针对范围全区乡村（牧区）旅游接 待户利用农、牧、林区等自然景观和农村、牧区、林区的生产、生活等资源吸引旅游者，为旅游者提供特色餐饮、住宿、观光、休闲、娱乐和购物等活动场所，以企业、合作社、家庭为经营主体。

第四条 乡村（牧区）旅游接待户星级评定采用自愿原则。申请时应提交以下文件：接待户名称、经营者姓名、地址、开业时间、从业人员数量、统一社会信用代码证复印件、卫生许可证复印件、工商、税务执照，企业简介（包括设施建设情况、经营情况、带动就业情况、主要活动项目的图片或视频资料）。

第五条 在自治区范围内，正式营业一年以上的乡村（牧区）旅游接待户，均可申请参加乡村（牧区）旅游接待户星级评定。

第六条　自治区旅游发展委员会负责乡村（牧区）旅游接待户星级评定管理办法的制定，负责对地方标准和管理办法的实施进行监督检查。

第七条　我区乡村（牧区）旅游接待户星级评定，按照设施建设和服务情况，分为三类星级，分别五星级、四星级、三星级，以金色☆表示，一个金色☆表示一级，最低标准为☆☆☆，☆级越高表示乡村（牧区）旅游接待户的设施建设和服务综合实力越强。

第八条　乡村（牧区）旅游接待户星级评定采用分级评定。自治区旅游发展委员会负责五星级乡村（牧区）旅游接待户的评定和管理工作；三、四星级评定和管理工作由盟市旅游发展委员会负责，报自治区旅发委备案。备案材料需提供盟市旗县旅游主管部门的批复和备案表及相应的图片及视频材料。

第九条　乡村（牧区）旅游星级接待户评定程序

三、四星级乡村（牧区）旅游接待户评定，由旗县旅游管理部门向盟市旅游发展委员会提出书面申请并提供相应的申报材料，由盟市旅游发展委员会组织专家对申报资料进行审核、实地评定。

五星级乡村（牧区）旅游接待户评定，由盟市旅游发展委员会向自治区旅游发展委员会提出书面申请并提供相应的申报材料，由自治区旅游发展委员会组织专家对申报资料进行审核、实地评定。

评定符合标准的乡村（牧区）旅游接待户，由负责评定的旅游管理部门批准其星级，并向社会公布。

乡村（牧区）旅游星级接待户评审专家组组成不少于三人。

第十条　乡村（牧区）旅游接待户星级评定实行动态管理，每年由相应的评定旅游管理部门对乡村（牧区）旅游星级接待户进行抽查复核，抽查比例不得小于星级接待户的60%，对达不到标准要求的将降星或取消其星级。

第十一条　乡村（牧区）旅游接待户星级的标牌、证书由自治区旅游发展委员会统一制作，由相应的评定旅游管理部门颁发。

第十二条　乡村（牧区）旅游接待户星级的标牌，必须放置于入口明显的位置。

附录2　牧区旅游接待户星级评定

（内蒙古自治区地方标准 DB15/T 1444—2018）

1 范围

本标准规定了牧区旅游接待户星级评定的术语和定义、等级设置、评定原则、划分依据。

本标准适用于牧区旅游接待户的星级评定和管理。

2 规范性引用文件

下列文件对于本文件的应用是必不可少的。凡是注日期的引用文件，仅注日期的版本适用于本文件。凡是不注日期的引用文件，其最新版本（包括所有的修改单）适用于本文件。

GB/T 10001.1 标志用公共信息图形符号 第1部分：通用符号

3 术语和定义

下列术语和定义适用于本文件。

3.1

牧区旅游接待户 tourist reception household in pastora larea

在以草原环境为依托并主要采取放牧方式经营畜牧业的地区，利用具有牧区特色的建筑、草场、牧 场、生产的土特产品等，为旅游者提供具有浓郁民族特色的餐饮、住宿、观光、休闲、娱乐和购物等活动的接待户。

4 等级设置

牧区旅游接待户星级评定分为三个等级，即三星级接待户、四星级接待户、五星级接待户。牧区旅游接待户星级评定从环境要求、安全要求、设施要求、综合效益、制度要求五个方面进行，从低到高分为☆☆☆、☆☆☆☆、☆☆☆☆☆三个级别，星的数量越多，表示牧区旅游接待户的综合实力越强。

5 评定原则

评定工作按照申报程序和流程，依据公平、公正、公开的原则进行。

6 划分依据

6.1 牧区旅游接待户星级评定必备项目检查表，规定了牧区旅游接待户参与星级评定应具备的必要条件，牧区旅游接待户须满足全部条件后才具备评定资格，检查表见附录 A。

6.2 牧区旅游接待户星级评定评分指标，规定了星级评定的具体指标、分值及等级，总分为 100 分，以评定分值多少确定接待户相应星级。评分指标见附录 B。各星级标准分值划分：

——五星级牧区旅游接待户：附录 B 评定得分不得低于 90 分；

——四星级牧区旅游接待户：附录 B 评定得分不得低于 80 分；

——三星级牧区旅游接待户：附录 B 评定得分不得低于 70 分。

附录A
（规范性附录）
牧区旅游接待户星级评定必备项目检查表

表A.1给出了牧区旅游接待户星级评定必备项目检查表。

表A.1　牧区旅游接待户星级评定必备项目检查表

序号	项目	是否达标（自评）	是否达标（专家）
1	证照齐全，亮照经营，按照规定的经营范围开展经营活动		
2	明码标价，诚实守信		
3	三年内未发生重大责任事故，包括重大安全事故、重大环境污染事故、重大食品安全事故、重大社会治安事件、重大违法用地事件、重大生态破坏事件、群体性传染病事件等造成社会不良影响的事件		
4	周边具备草原或草场环境，具有牧区文化特色		
5	至少拥有3个以上蒙古包或当地牧区特色建筑风格的建筑		
6	配备水冲厕所		
7	公布有旅游咨询电话、投诉电话，保持电话畅通，有人接听		

附录B
（规范性附录）
牧区旅游接待户星级评定评分指标

表B.1给出了牧区旅游接待户星级评定评分指标。

表B.1 牧区旅游接待户星级评定评分指标

序号	项目	评分标准	分项计分		自评得分	专家评审得分	备注
			总分值	细项分值			
1	环境要求		10				
1.1		周边环境干净整洁，无污水、污物，无乱建、乱堆、乱放现象		1			
1.2		固体废弃物集中收集，定时清运，合理配置垃圾箱，垃圾日产日清；垃圾分类并及时清理		2			
1.3		不向周边水域或地下直接排放生活污水		2			
1.4		有无噪声干扰：不明显得2分；明显得1分		2			
1.5		空气质量：好得3分；一般得2分；差得1分		3			
2	安全要求		10				
2.1		有临时性救护、防护设施及物品		2			
2.2		有安全警示标志		2			
2.3		提供住宿服务的牧区旅游接待户，有专人值守		2			
2.4		醒目位置备有消防器材，并定期检验、维护，保持完好有效		2			
2.5		天然气、煤气远离火源		2			
3	设施要求		63				
3.1	建筑风格		10				

序号	项目	评分标准	分项计分		自评得分	专家评审得分	备注
			总分值	细项分值			
3.1.1		主体建筑是以蒙古包或具有当地牧区建筑特色的建筑为主		1			
3.1.2		建筑装饰装修、内部陈设体现民族特色，布局和摆放方式符合民族文化习俗		1			
3.1.3		内部装饰档次：高档得3分；中档得2分；低档得1分		3			
3.1.4		传统蒙古包得2分；其他蒙古包得1分		2			
3.1.5		接待面积（㎡）：1000㎡以上得3分；500～999㎡得2分；200～499㎡得1分		3			
3.2	餐饮场所		10				
3.2.1		布局合理，各功能区分别设置，操作方便，食品加工、存放能做到生熟分开		2			
3.2.2		厨房具有加工蒙餐或当地民族特色餐饮的场所和设施条件，明厨亮灶，配有食品冷藏、冷冻设施，有食品留样保存设备		1			
3.2.3		餐饮具配套齐全、无破损，符合安全卫生要求		1			
3.2.4		厨房有足够的垃圾存放容器，污水处理设备，及时处理餐厨垃圾，保持餐饮区域卫生整洁		1			
3.2.5		有防苍蝇、蟑螂、蚊虫等设施，环境卫生，无异味		1			
3.2.6		食品原料新鲜卫生		1			
3.2.7		配备一定数量的餐厅服务人员，服务人员穿着蒙古族或当地少数民族特色服饰，仪容干净整洁，服务流程规范		1			
3.2.8		餐前或用餐过程中提供献哈达、歌舞表演、敬酒等具有民族特色的活动时活动属于收费项目的，事前征得游客同意，并明确告知收费标准		1			

序号	项目	评分标准	分项计分		自评得分	专家评审得分	备注
			总分值	细项分值			
3.2.9		有菜单和饮品单，菜单和饮品单明码标价，价格合理		1			
3.3	住宿场所		10				
3.3.1		住宿接待规模（人）：200以上得3分；100以上得2分；50~99得1分		3			
3.3.2		客房内明示客房服务指南和服务项目价目表		1			
3.3.3		客房设有独立浴室，配备淋浴设备，洗浴用品等，天花板无渗漏		1			
3.3.4		门窗牢固防盗，开闭灵活		1			
3.3.5		配备床、桌子、床上用品、电水壶、吹风机及一次性消耗卫生用品等基本用品		1			
3.3.6		床单、被套和枕套一客一换，一次性消耗卫生用品及时更换，客房每天全面打扫整理1次		1			
3.3.7		床上用品清洗后应进行消毒处理，妥善保管，确保干净、整洁，无污渍、无霉变		1			
3.3.8		有窗帘，遮光效果好		1			
3.4	娱乐场所		10				
3.4.1		收费项目明码标价		1			
3.4.2		有室外或室内娱乐活动场所，室内娱乐场所干净、整洁、通风良好		1			
3.4.3		娱乐设施设备安全稳固，并定期维护，有必要的安全防护措施		1			
3.4.4		提供具有草原文化或当地少数民族文化特色且参与性强的娱乐活动，（活动包括：赛马、射箭、摔跤、沙滩排球、卡丁车、户外拓展、丛林探险、歌舞表演、文化产品展示等）有7项得5分，有5项得3分，有3项得2分		5			

序号	项目	评分标准	分项计分		自评得分	专家评审得分	备注
			总分值	细项分值			
3.4.5		有针对游客的保险		2			
3.5	厕所		6				
3.5.1		满足接待量，厕位之间设有隔板和门		2			
3.5.2		厕所位置、建筑外观与周边环境、建筑相适宜		1			
3.5.3		保持卫生、干净、无异味，有防蚊、蝇和除臭措施		1			
3.5.4		配备洗手池、洗手液、干手机、残障人士通道		1			
3.5.5		设施设备维护良好		1			
3.6	停车场		5				
3.6.1		配套与经营规模相匹配的停车场，停车场有特色或文化性，与景观相适宜，停车场内有方向引导指示标识，设停车线、停车分区、回车线、分设出入口、专人管理得5分；停车场内有方向引导指示标识，设停车线、专人管理得3分；有停车场得1分		5			
3.7	标识		5				
3.7.1		各功能区域设置指示、告知、引导标志和标牌，符合GB/T 10001的要求，体现民族特色得5分；未体现民族特色得3分		5			
3.8	购物场所		4				
3.8.1		出售的商品货真价实，明码标价，标签醒目，对购物游客和非购物游客一视同仁，不强买强卖		2			
3.8.2		出售商品包装完整，明示生产厂家、生产日期及有效期		2			
3.9	信息服务		3				

序号	项目	评分标准	分项计分		自评得分	专家评审得分	备注
			总分值	细项分值			
3.9.1		提供多种方式的信息咨询服务		1			
3.9.2		具备在线支付、在线预订功能		1			
3.9.3		提供无线上网服务		1			
4	综合效益		13				
4.1	解决就业人口数	20人及以上得5分；10～19人得3分；5～9人得1分	5				股东或法人代表不计数，每解决1个建档立卡贫困人口加1分，封顶5分
4.2	获得荣誉	获得国家级及以上荣誉称号得8分；获得自治区级荣誉称号得5分；获得市级荣誉称号得3分	8				股东、法人或接待户获得的荣誉
5	制度要求		4				
5.1		有安全管理制度		1			
5.2		有突发事件处理应急预案和应对机制		1			
5.3		有服务管理规范		1			
5.4		有岗位工作要求		1			
合计			100				

附录3　乡村旅游接待户星级评定

（内蒙古自治区地方标准 DB 15/T 1445—2018）

1 范围

本标准规定了乡村旅游接待户星级评定的术语和定义、等级设置、评定原则、划分依据。

本标准适用于乡村旅游接待户的星级评定和管理。

2 规范性引用文件

下列文件对于本文件的应用是必不可少的。凡是注日期的引用文件，仅注日期的版本适用于本文件。凡是不注日期的引用文件，其最新版本（包括所有的修改单）适用于本文件。

GB/T 10001.1 标志用公共信息图形符号 第1部分：通用符号

3 术语和定义

下列术语和定义适用于本文件。

3.1

乡村旅游接待户 tourist reception household in rural area

在以农业生产环境为依托，利用自有房屋、农田、生产的土特产品等，为旅游者提供具有浓郁农村乡土特色特色的餐饮、住宿、观光、休闲、娱乐和购物等活动的接待户。

4 等级设置

乡村旅游接待户星级评定分为三个等级，即三星级接待户、四星级接待户、五星级接待户。乡村旅游接待户星级评定从环境要求、安全要求、设施要求、综合效益、制度要求五个方面进行，从低到高分为☆☆☆、☆☆☆☆、☆☆☆☆☆三个级别，星的数量越多，表示乡村旅游接待户的综合实力越强。

5 评定原则

评定工作按照申报程序和流程，依据公平、公正、公开的原则进行。

6 划分依据

6.1 乡村旅游接待户星级评定必备项目检查表，规定了乡村旅游接待户参与星级评定应具备的必要条件，乡村旅游接待户须满足全部条件后才具备评定资格，检查表见附录A。

6.2 乡村旅游接待户星级评定评分指标，规定了星级评定的具体指标、分值及等级，总分为100分，以评定分值多少确定接待户相应星级。评分指标见附录B。各星级标准分值划分：

——五星级乡村旅游接待户：附录B评定得分不得低于90分；

——四星级乡村旅游接待户：附录B评定得分不得低于80分；

——三星级乡村旅游接待户：附录B评定得分不得低于70分。

附录A
（规范性附录）
乡村旅游接待户星级评定必备项目检查表

表A.1给出了乡村旅游接待户星评定必备项目检查表。

表A.1　乡村旅游接待户星级评定必备项目检查表

序号	项目	是否达标（自评）	是否达标（专家）
1	证照齐全，亮照经营，按照规定的经营范围开展经营活动		
2	明码标价，诚实守信		
3	三年内未发生重大责任事故，包括重大安全事故、重大环境污染事故、重大食品安全事故、重大社会治安事件、重大违法用地事件、重大生态破坏事件、群体性传染病事件等造成社会不良影响的事件		
4	房屋具有特色		
5	配备水冲厕所		
6	公布旅游咨询电话、投诉电话，保持电话畅通，有人接听		

附录B
（规范性附录）
乡村旅游接待户星级评定指标

表B.1给出了乡村旅游接待户星级评定指标。

表B.1 乡村旅游接待户星级评定指标

序号	项目	评分标准	分项计分		自评得分	专家评审得分	备注
			总分值	细项分值			
1	环境要求		10				
1.1		周边环境干净整洁，无污水、污物，无乱建、乱堆、乱放现象		1			
1.2		固体废弃物集中收集，定时清运，集中处理，合理配置垃圾箱，垃圾日产日清，垃圾分类并及时清理		2			
1.3		不向周边水域或地下直接排放生活污水		2			
1.4		有无噪声干扰：不明显得2分；明显得1分		2			
1.5		空气质量：好得3分；一般得2分；差得1分		3			
2	安全要求		10				
2.1		有临时性救护设施		2			
2.2		有警示提示牌		2			
2.3		提供住宿服务的乡村旅游接待户，夜间有专人值守		2			
2.4		醒目位置备有消防器材，并定期检验、维护、保持完好有效		2			
2.5		天然气、煤气远离火源		2			
3	设施要求		61				

序号	项目	评分标准	分项计分		自评得分	专家评审得分	备注
			总分值	细项分值			
3.1	建筑风格		12				
3.1.1		房屋建筑设计、装修、内部陈设有特色，与周边旅游环境相协调、布局合理		1			
3.1.2		建筑材料档次：高档得3分；中档得2分；低档得1分		3			
3.1.3		庭院面积（㎡）：1000㎡以上得3分；500～999㎡得2分；200～499㎡得1分		3			
3.1.4		庭院绿化率（%）：50以上得3分；30～50得2分；10～29得1分		3			
3.1.5		有农业生产用具、生活用品原真性展示或具有农业特色，庭院有蔬菜、盆景、花卉等		1			
3.1.6		有明显的农区旅游接待标志		1			
3.2	餐饮场所		8				
3.2.1		布局合理，食品加工、存放能做到生熟分开，冷热菜分离制作		1			
3.2.2		厨房有明显物理隔离空间，配有食品冷藏、冷冻设备，有食品留样设备，配有通风、排烟设施		1			
3.2.3		餐饮具配套齐全、无破损，符合安全卫生要求		1			
3.2.4		有防苍蝇、蟑螂、蚊虫等设施，环境卫生，无异味		1			
3.2.5		食品原料新鲜卫生，提供具有当地乡村特色的绿色食品		1			
3.2.6		配备一定数量的餐厅服务人员，服务人员仪容干净整洁，服务流程规范		1			
3.2.7		有菜单和饮品单，菜单和饮品单明码标价，价格合理		1			

序号	项目	评分标准	分项计分		自评得分	专家评审得分	备注
			总分值	细项分值			
3.2.8		厨房有足够的垃圾存放容器，污水处理设备，及时处理餐厨垃圾，保持餐饮区域卫生整洁		1			
3.3	住宿场所		10				
3.3.1		住宿接待规模（人）：100以上得3分；50～99得2分；50以下得1分		3			
3.3.2		客房内明示客房服务指南和服务项目价目表		1			
3.3.3		配备床、桌子、床上用品、电水壶、吹风机及一次性消耗卫生用品等基本用品		1			
3.3.4		床上用品清洗后应进行消毒处理，妥善保管，确保干净、整洁，无污渍、无霉变		1			
3.3.5		门窗牢固防盗，开闭灵活		1			
3.3.6		客房设有独立浴室，配备淋浴设备，洗浴用品等，天花板无渗漏		1			
3.3.7		有窗帘，遮光效果好		1			
3.3.8		床单、被套和枕套一客一换，一次性消耗卫生用品及时更换，客房每天全面打扫整理1次		1			
3.4	娱乐场所		8				
3.4.1		收费项目明码标价		1			
3.4.2		配备的设施和用品安全稳固，并定期维护，有必要的安全防护措施		1			
3.4.3		室内娱乐场所干净、整洁、通风透明良好，娱乐活动项目健康、安全、环保		1			
3.4.4		有乡村文化特色的活动场所，提供参与性强的娱乐活动，（活动包括采摘、观光、烧烤、KTV、棋牌等）有5项得5分，有3项得3分，有2项得2分		5			

序号	项目	评分标准	分项计分		自评得分	专家评审得分	备注
			总分值	细项分值			
3.5	厕所		6				
3.5.1		满足接待量，厕位之间设有隔板和门		1			
3.5.2		厕所位置、建筑外观与周边环境、建筑相适宜		1			
3.5.3		墙面平整、无污渍，屋顶干净、无尘网，保持卫生、干净、无异味，有防蚊、蝇和除臭措施		1			
3.5.4		厕所内部面积大小适宜，采光、通风，地面经过硬化和防滑处理，易于清洁		1			
3.5.5		配备洗手池、洗手液、干手机、残障人士通道		1			
3.5.6		及时处理粪便池，清除垃圾，集中清运或进行生态化处理		1			
3.6	停车场		5				
3.6.1		配套与经营规模相匹配的停车场，停车场有特色或文化性，与景观相适宜，停车场内有方向引导指示标识，设停车线、停车分区、回车线、分设出入口、专人管理得5分；停车场内有方向引导指示标识，设停车线、专人管理得3分；有停车场得1分		5			
3.7	标识		5				
3.7.1		各功能区域设置指示、告知、引导标志和标牌，符合GB/T 10001的要求，体现特色得5分；未体现民族特色得3分		5			
3.8	购物场所		4				
3.8.1		提供具有特色的商品或自产的工艺品、旅游纪念品、日用品、畜牧产品等，供游客自主购买		2			

序号	项目	评分标准	分项计分		自评得分	专家评审得分	备注
			总分值	细项分值			
3.8.2		出售的商品货真价实，明码标价，标签醒目，对购物游客和费购物游客一视同仁，不强买强卖		1			
3.8.3		出售的散装商品来源正规，出售的包装商品包装完整，生产厂家、生产日期和有效期标注明显		1			
3.9	信息服务		3				
3.9.1		提供多种方式的信息咨询服务		1			
3.9.2		具备在线支付、在线预订功能		1			
3.9.3		提供或无线上网服务		1			
4	综合效益		13				
4.1	解决就业人口数	20人及以上得5分；10～19人得3分；5～9人得2分；		5			股东和法人代表不计数每解决1个建档立卡贫困人口加1分，封顶5分
4.2	获得荣誉	获得国家级及以上荣誉称号得8分；获得自治区级荣誉称号得5分；获得市级荣誉称号得3分		8			股东、法人或接待户获得的荣誉
5	制度要求		6				
5.1		有突发事件处理应急预案和应对机制		2			
5.2		有安全管理制度		1			
5.3		有服务管理规范		2			
5.4		有岗位工作要求		1			
合计			100				

附录4　旅游厕所建设管理指南

1 范围

本指南适用于全国旅游景区景点、旅游线路沿线、交通集散点、乡村旅游点、旅游餐馆、旅游娱乐场所、休闲步行街区等的旅游厕所。

2 规范性引用文件

下列文件对于本文件的应用是必不可少的。凡是注日期的引用文件，仅注日期的版本适用于本文件。凡是不注日期的引用文件，其最新版本（包括所有的修改单）适用于本文件。

CJJ/14　城市公共厕所设计标准

GB/T 18092—2000　免水冲卫生厕所

GB50763　无障碍设计规范

GB/T 17217　城市公共厕所卫生标准

CJ 343—2010　污水排入城镇下水道水质标准

GB 6952—2005　卫生陶瓷

3 术语和定义

下列术语和定义适用于本指南。

3.1 旅游厕所　tourism toilets

旅游景区景点、旅游线路沿线、交通集散点、乡村旅游点、旅游餐馆、旅游娱乐场所、休闲步行街区及其他旅游接待场所的公共厕所。

3.2 质量等级　quality grade

指旅游厕所的建设、管理、服务等质量的级别。

4 质量等级及标志

4.1 质量等级

旅游厕所质量等级划分为 3 个等级，用“A、AA、AAA”表示，A、AA、AAA 代表的等级依次由低到高。

4.2 标志

具有 A、AA 或 AAA 以及旅游厕所质量等级统一 Logo 标志的方形标牌。

5 质量等级划分标准

5.1A 级

5.1.1 建设

旅游厕所的建设应符合国家现行的公厕建设的相关标准，没有上下水条件的场所应采用符合环保要求、维护简单、经济可靠的厕所技术（如节水型、泡沫免冲型、循环冲洗型和生物型等）。

5.1.1.1 建筑

5.1.1.1.1　外观

a）外观与周边环境和建筑相协调；

b）厕所入口应注意隐私保护，并根据当地气候特点设计，热带地区可采用开放式入口，寒冷地区应考虑冬季保温需求，宜设置过渡空间；厕所设大门时，门扇与门框间应防夹手，材质坚固耐用；

c）建筑主体材料及装饰材料应选用环保建筑材料，宜根据地区特点就地取材，防火性能应符合 GB 50016 的要求。

5.1.1.1.2 室内

a）建筑面积根据人流量设定；

b）男女厕所宜分开设置，也可设立男女通用厕位；

c）厕所公共空间室内高度不低于2.5m，厕位间的净高不低于1.9m；

d）室内顶棚选用防潮、防腐、易清洁材料；

e）厕所间、洗手间内墙面应采用防水、防火、易清洁材料；

f）厕所室内地面铺装前应做防水，装饰面应采用防滑、防渗、防腐的材料；

g）室内所有水、电、暖通等管线宜暗装；

h）管理间根据管理、服务需求设计，使用面积宜不小于4.0m^2，管理间应配置管理人员用的桌子、椅子、开水容器、挂衣设施；

i）工具间根据需求设计，使用面积宜不小于1.0m^2，工具间内应配置必要的清洁工具。

5.1.1.1.3 给水、排水

a）旅游厕所的给排水管路的布置与安装应符合GB 50242《建筑给排水及采暖工程施工质量验收规范》的要求；

b）给水管路进户前应设水表检查井，并内设排空阀门，进户管道内经不小于50mm，北方地区应采取防冻措施；

c）排水主管路出户后应排水检查井，管路材质宜为PVC，直径不小于160mm；

d）厕所地面应合理设置防腐水封地漏，确保地面无积水。

5.1.1.2 供特殊人群使用的设施

5.1.1.2.1 无障碍设施应符合GB 50763《无障碍设计规范》的要求。

5.1.1.2.2 条件允许的情况下厕所设置第三卫生间，并宜符合下列要求：

a）位置宜靠近公共厕所入口，方便行动不便者进入，轮椅回转直径不小于1.5m；

b）内部设置可包括：成人坐便器、儿童坐便器、儿童小便器、成人洗手盆、儿童洗手盆、多功能台、儿童安全座椅、挂衣钩和呼叫器；

c）使用面积不宜小于 6.5m^2；

d）地面应防滑、不积水；

e）成人坐便器、洗手盆、多功能台、安全抓手、挂衣钩、呼叫按钮应符合现行标准《无障碍设计规范》GB 50763 的规定；

f）多功能台和儿童安全座椅应可折叠，儿童安全座椅长度不小于 450mm，宽度宜不小于 420mm，高度宜为 500mm，离地高度宜为 300mm。

5.1.1.3 厕位

5.1.1.3.1 厕位比例

a）男女分开的厕所男女厕位比例（含男用小便器）2:3；

b）座蹲位设立比例至少达到 1:5，男女通用厕位的厕所每座厕所宜不少于一个坐位；

c）男厕在保证大便位需求基础上应多设置小便位。

5.1.1.3.2 厕位尺寸及配置

a）蹲坐厕位使用净尺寸应不低于长 1.2m，宽 0.9m；厕位内开门的使用净尺寸应不低于长 1.4m，宽 1.0m；

b）小便器间距不小于 0.7m；

c）门锁牢固，可内外开启；

d）厕位隔断板应选用坚固、防潮、防腐、防烫、易清洁材料，可采用金属隔断板，隔断板（门）高度 1.8m 以上。

5.1.1.4 卫生器具

5.1.1.4.1 蹲坐便器

a）蹲坐便器在具备上下水的条件下宜选择陶瓷便器；

b）应符合 GB 6952《卫生陶瓷》、GB/T 18092《免水冲卫生厕所》的要求；

c）水冲式宜采用感应式或机械式节水型冲洗阀门；

d）免冲式宜采用自动式或无触摸机械式清理，达到卫生清理效果。

5.1.1.4.2 坐便厕位应设置以下辅助设施

a）手纸盒，每个厕位内设手纸盒；

b）废弃手纸收集容器，每个厕位内设一个；

c）扶手，每厕位应不少于一个，安装牢固、位置合理；

d）挂衣钩，每个厕位不少于一个，承重不小于 5kg；

e）设置配置应考虑符合当地民众的信仰、习俗，如伊斯兰教的人如厕用的小净设施。

5.1.1.4.3 小便器

a）小便器应采用品牌瓷制半挂式小便器；

b）站位隔板应选用坚固、防潮、防腐、防烫、易清洁材料，宽不小于 0.45m，高不小于 0.8m，隔板上部宜设搁物板；

c）水冲式应采用感应式或机械式节水型冲洗阀门；

d）免水冲式应处理便捷，易清洗。

5.1.1.4.4 洁手设备和面镜

a）有水型选用的洗手盆和龙头，应安装牢固，宜配置洗手液容器和干手设备；男女分设的厕所洗手盆洗手盆数量参照 CJJ 14—2005《城市公共厕所设计标准》设置，见下表：

厕位数（个）	洗手盆数（个）	备注
4以下	1	1.男女厕所宜分别计算，分别设置； 2.当女厕所洗手盆数n≧5时，实际设置数N应按下式计算：N=0.8n。
5—8	2	
9—21	每增4厕位增设1个	
22以上	每增5个厕位增设1个	

男女通用式厕所根据现场条件选择设置洗手池或干式净手器，如果洁手设备放在厕间里，每个厕位都须配置；

b）无水型应提供感应式净手设备、消毒纸巾等，确保洁手有效；

c）厕所应设面镜。

5.1.1.5 环境要求

5.1.1.5.1 通风应满足 CJJ 14—2005《城市公共厕所设计标准》，确保厕所换气次数在 5 次 / 小时以上，应优先采用自然排风，强制排风设备的位置设计合理。

5.1.1.5.2 采光，厕所建筑通风、采光面积之和与地面面积比不宜小于 1:8。

5.1.1.5.3 照明，室内照度不低于 75Lx，应符合《建筑照明设计标准》GB 50034—2013 的要求；应选用节能灯具，夜间灯光可使用时间与厕所开放时间一致。

5.1.1.5.4 气味，厕所臭味强度不大于 2 级。

5.1.1.5.5 室内环境根据需要布置宣传文明如厕的装饰品。

5.1.1.6 标识

标志牌应此采用标准图案，中英文对照，材质防腐、防眩光，安装位置醒目。

5.1.1.6.1 厕所标牌

a）厕所指向牌应指向准确，标明指向牌与厕所的间距米数；景区重要节点处宜标明厕所的分布位置，有条件的景区可以建立网络导视系统；

b）厕所建筑外标牌安装在厕所外立面，安装位置醒目，与厕所风格一致，如果厕所夜间开放，厕所建筑上的标牌应可识别；

c）厕所公共区域应有文明用侧宣传牌，文字规范，宣传内容通俗易懂，中英文对照，安装位置醒目。

5.1.1.6.2 厕门标牌

a）男女厕所标志牌安装在男女厕所入口处，易识别，规格不小于 $300cm^2$；

b）厕位坐蹲位指示牌安装位置醒目，宜安装在厕位门的中上部，规格不小于 $60cm^2$。

5.1.1.6.3 第三卫生间标志牌

第三卫生间标志牌除满足正常人员的识别需求外，宜考虑盲人的需求。

5.1.1.7 粪便处理

5.1.1.7.1 粪便污水进入下水道或污水处理厂的，化粪池出水口的水质应符合 CJ 343—2010《污水排入城镇下水道水质标准》的要求。

5.1.1.7.2 粪便污水处理后进入水域的应满足 GB 18918《城镇污水处理厂污染物排放标准》，以天然水为主题景观的区域严禁排入处理后的中水或景观用水。

5.1.1.7.3 粪便堆肥处理的应实现对环境为无害化，处理后的粪便里虫卵、细菌等指标应符合 GB 7959—2012《粪便无害化卫生要求》的要求。

5.1.1.7.4 污物应输送到法规的处理场所，如果没有符合规范的处理场所应修建。

5.1.1.7.5 封闭空间、空气不易流通的空间（如洞穴）排出的气体应经过除臭设备处理，排出气体应满足 GB 14554《恶臭污染物排放标准》。

5.1.1.7.6 粪便污物需要运送的应保证运送的过程散发的臭味浓度不大于 3 级，符合 GB/T 17217《城市公共厕所卫生标准》的要求。

5.1.2 管理

5.1.2.1 管理文件与制度

a）应有厕所竣工档案、设计图纸及相关的验收文件；

b）应有旅游淡旺季厕所管理预案；

c）应有粪便处理的方法、验收手续和管理制度，粪便排放应符合法规；

d）应有明确的厕所编号，标明开放时间、监督电话等内容；

e）应有岗位职责；

f）应有卫生监督有检查制度；

g）应有卫生服务标准，应涵盖厕所内外部件设施，内容应包括清洁频次、清洁方式和清洁程度等。

5.1.2.2 设备状况

a）大小便位及附属管件停用比例不大于 10%，停用时间不大于 2 天；

b）其他配件设施停用比例不大于 20%，停用时间应不大于 3 天；

c）厕所应备有充足的耗材，如卫生纸、清洁液、消毒剂等；

d）大小便器干净，冲洗正常；

e）排风除味设施应定期维护、无故障；

f）无障碍设施应牢固可靠；

g）应急照明设施应定期检查，工作正常；

h）婴儿台应牢固可靠，功能正常；

i）应保持排水、排污管道五堵塞。

5.1.2.3 收费标准

旅游厕所应全部免费开放。

5.1.2.4 开放时间

与所在场所经营开放时间相一致或更长。

5.1.3 服务

5.1.3.1 设备

厕所设备应定时巡检、维护、保洁，提供干净卫生，较高正常率的厕所设备。

a）应提供能正常冲洗的小小便器，保证无堵塞、无结垢、无滴漏；

b）应定期清理，提供正常排污除味设施；

c）应提供牢固可靠的无障碍设施；

d）应提供正常应急照明设施；

e）应提供保证安全、牢固可靠，干净无灰的婴儿台；

f）应提供易识别、无残损的标志牌；

g）应提供畅通的排水、排污管道。

5.1.3.2 外部清洁卫生要求

5.1.3.2.1 旅游厕所的整体外部周边环境整洁有序，应无垃圾、粪便、污水、杂草等其他杂物，无卫生死角。

5.1.3.2.2 厕所建筑外表定期维护、清洁。

5.1.3.2.3 厕所外的标识牌要清晰可见、无污渍、无损坏残缺。

5.1.3.2.4 厕所外坡道扶手干净无灰尘。

5.1.3.2.5 厕所入口主干道、台阶无积雪、结冰。

5.1.3.2.6 厕所外化粪池、粪井周边场地应无垃圾、粪迹、污水。

5.1.3.3 室内清洁卫生要求

5.1.3.3.1 厕所内空间（地、墙、顶、窗）应整洁、干净、无破损、地面无积水。

5.1.3.3.2 便器应冲洗正常，干净、无水渍、污迹。

5.1.3.3.3 管路、管件应无污垢、无堵塞、无滴漏。

5.1.3.3.4 洗手池、龙头及台面在使用过后随时清洁，应干净无污渍。

5.1.3.3.5 厕位间隔断板、搁物板应清洁、完好、无污渍。

5.1.3.3.6 厕所内手纸盒、纸巾盒、坐垫纸盒应定期检查，应保证盒内不缺纸。

5.1.3.3.7 厕位间扶手应牢固完好、定期消毒。

5.1.3.3.8 厕所内面镜应干净无污渍。

5.1.3.3.9 厕所内挂衣钩应干净、牢固完好。

5.1.3.3.10 厕所内的标识牌应干净，无掉漆、生锈、残缺。

5.1.3.3.11 管理间、工具间应整洁有序。

5.1.3.4 应急措施

当如厕人数短时间内聚集时，要有应急措施，确保有序如厕。

5.1.3.5 环境

a）厕所换气次数在 5 次 / 小时以上，应优先采用自然排风，保证厕所臭味强度不大于 2 级；

b）厕所应有效采光，夜间灯光可使用时间与厕所开放时间一致；

c）室内环境布置应干净整洁。

5.2AA 级

5.2.1 建设

旅游厕所的建设应符合国家现行的公厕建设的相关标准，没有上下水条件的场所应采用符合环保要求、维护简单、经济可靠的厕所技术（如节水型、泡沫免冲型、循环冲洗型和生物型等）。

5.2.1.1 建筑

5.2.1.1.1 外观

a）外观与周边环境和建筑相协调；

b）厕所入口应注意隐私保护，并根据当地气候特点设计，热带地区可采用开放式入口，寒冷地区应考虑冬季保温需求，宜设置过渡空间；厕所设大门时，门扇与门框间应防夹手，材质坚固耐用；

c）建筑主体材料及装饰材料应选用环保建筑材料，宜根据地区特点就地取材，防火性能应符合 GB 50016 的要求。

5.2.1.1.2 室内

a）建筑面积 $60m^2$ 以上；

b）男女厕所应分开设置；

c）独立式厕所室内净高 3.0m 以上，附属式公厕按建筑层高；

d）室内顶棚选用防潮、防腐、易清洁材料；

e）厕所间、洗手间内墙面应采用防水、防火、易清洁材料；

f）厕所室内地面铺装前应做防水，装饰面应采用防滑、防渗、防腐的材料；

g）室内所有水、电、暖通等管线宜暗装；

h）管理间根据管理、服务需求设计，使用面积宜不小于 $5.0m^2$，管理间应配置管理人员用的桌子、椅子、开水容器、挂衣设施；

i）工具间根据需求设计，使用面积应不小于1.2m^2，工具间内应配置必要的清洁工具。

5.2.1.1.3 给水、排水

a）旅游厕所的给排水管路的布置与安装应符合GB 50242《建筑给排水及采暖工程施工质量验收规范》的要求；

b）给水管路进户前应设水表检查井，并内设排空阀门，进户管道内经不小于50mm，北方地区应采取防冻措施；

c）排水主管路出户后应排水检查井，管路材质宜为PVC，直径不小于200mm；

d）厕所地面应合理设置防腐水封地漏，确保地面无积水。

5.2.1.2 供特殊人群使用的设施

5.2.1.2.1 无障碍设施应符合GB 50763《无障碍设计规范》。

5.2.1.2.2 厕所应设置第三卫生间，并宜符合下列要求：

a）位置宜靠近公共厕所入口，方便行动不便者进入，轮椅回转直径不小于1.5m；

b）内部设置可包括：成人坐便器、儿童坐便器、儿童小便器、成人洗手盆、儿童洗手盆、多功能台、儿童安全座椅、挂衣钩和呼叫器；

c）使用面积不宜小于6.5m^2；

d）地面应防滑、不积水；

e）成人坐便器、洗手盆、多功能台、安全抓手、挂衣钩、呼叫按钮应符合现行标准《无障碍设计规范》GB 50763的规定；

f）多功能台和儿童安全座椅应可折叠，儿童安全座椅长度不小于450mm，宽度宜不小于420mm，高度宜为500mm，离地高度宜为300mm；

g）入口处应设第三卫生间标志。

5.2.1.3 厕位

5.2.1.3.1 厕位比例

a）男女分开的厕所男女厕位比例（含男用小便器）2:3；

b）坐蹲位设立比例不小于 1:5，男女厕所分别宜不少于一个坐位；

c）男厕在保证大便位需要的基础上应多设置小便位。

5.2.1.3.2 厕位尺寸及配置

a）蹲坐厕位使用净尺寸应不低于长 1.2m，宽 0.9m；厕位内开门的使用净尺寸应不低于 1.4m，宽 1.0m；

b）小便器间距应不小于 0.7m；

c）门锁牢固可内外开启；

d）厕位隔断板应选用坚固、防潮、防腐、防烫、易清洁材料，可采用金属隔断板，隔断板（门）高度 1.8m 以上。

5.2.1.4 卫生器具

5.2.1.4.1 蹲坐便器

a）蹲坐便器在具备上下水的条件下宜选择陶瓷便器；

b）应符合 GB 6952《卫生陶瓷》、GB/T 18092《免水冲卫生厕所》的要求；

c）水冲式宜采用感应式节水型或机械式节水型阀门冲洗；

d）免水冲式宜采用自动式或无触摸机械式清理，达到卫生清理效果。

5.2.1.4.2 蹲坐便厕位应设置下列辅助设施

a）手纸盒，每个厕位内设手纸盒；

b）废弃手纸收集容器，每个厕位内设一个；

c）扶手，每厕位至少应安装一个，安装牢固、位置合理，宜选用有抗菌功能的扶手；

d）挂衣钩，每个厕位内设挂衣钩，承重不小于 5kg；

e）置配置应符合当地民众的信仰、习俗，如伊斯兰教的人用的小净设施。

5.2.1.4.3 小便器

a）小便器应采用品牌瓷制半挂式小便器；

b）站位隔板应选用坚固、防潮、防腐、防烫、易清洁材料，宽不小于 0.45m，高不小于 0.8m，隔板上部宜设搁物板；

c）水冲式应采用感应式或机械式节水型冲洗阀门；

d）免水冲式应处理便捷，易清洗。

5.2.1.4.4 洁手设备和面镜

a）有水型选用的洗手盆和龙头，应安装牢固，宜配置洗手液容器和干手设备；男女分设的厕所洗手盆洗手盆数量参照 CJJ 14—2005《城市公共厕所设计标准》设置，见下表：

厕位数（个）	洗手盆数（个）	备注
4以下	1	1.男女厕所宜分别计算，分别设置； 2.当女厕所洗手盆数n≧5时，实际设置数N应按下式计算：N=0.8n。
5—8	2	
9—21	每增4厕位增设1个	
22以上	每增5个厕位增设1个	

男女通用式厕所根据现场条件选择设置洗手池或干式净手器，如果洁手设备放在厕间里，每个厕位都须配置；

b）无水型应提供感应式净手设备、消毒纸巾等，确保洁手有效；

c）厕所应设面镜。

5.2.1.5 环境要求

5.2.1.5.1 通风应满足 CJJ 14—2005《城市公共厕所设计标准》，确保厕所换气次数在 5 次 / 小时以上，应优先采用自然排风，强制排风设备的位置设计合理。

5.2.1.5.2 采光，厕所建筑通风、采光面积之和与地面面积比不宜小于 1:8。

5.2.1.5.3 照明，室内照度不低于 100Lx，应符合《建筑照明设计标准》GB 50034—2013 的要求；应选用节能灯具，夜间灯光可使用时间与厕所开放时间一致。

5.2.1.5.4 气味，厕所臭味强度不大于 1 级。

5.2.1.5.5 室内环境根据需要布置宣传文明如厕的装饰品。

5.2.1.6 标识

标志牌应此采用标准图案，中英文对照，材质防腐、防眩光，安装位置醒目。

5.2.1.6.1 厕所标牌

a）厕所指向牌应指向准确，标明指向牌与厕所的间距米数；景区重要节点处宜标明厕所的分布位置，有条件的景区可以建立网络导视系统；

b）厕所建筑外标牌安装在厕所外立面，安装位置醒目，与厕所风格一致，如果厕所夜间开放，厕所建筑上的标牌应可识别；

c）厕所公共区域应有文明用侧宣传牌，文字规范，宣传内容通俗易懂，中英文对照，安装位置醒目。

5.2.1.6.2 厕门标牌

a）男女厕所标志牌安装在男女厕所入口处，易识别，规格不小于300cm^2；

b）厕位坐蹲位指示牌安装位置醒目，宜安装在厕位门的中上部，规格不小于60cm^2。

5.2.1.6.3 第三卫生间标志牌

第三卫生间标志牌除满足正常人员的识别需求外，宜考虑盲人的需求。

5.2.1.7 粪便处理

5.2.1.7.1 粪便污水进入下水道或污水处理厂的，化粪池出水口的水质应符合 CJ 343—2010《污水排入城镇下水道水质标准》的要求。

5.2.1.7.2 粪便污水处理后进入水域的应满足 GB 18918《城镇污水处理厂污染物排放标准》，以天然水为主题景观的区域严禁排入处理后的中水或景观用水。

5.2.1.7.3 粪便堆肥处理的应实现对环境为无害化，处理后的粪便里虫卵、细菌等指标应符合 GB 7959—2012《粪便无害化卫生要求》的要求。

5.2.1.7.4 污物应输送到法规的处理场所，如果没有符合规范的处理场所应修建。

5.2.1.7.5 封闭空间、空气不易流通的空间（如洞穴）排出的气体应经过除臭设备处理，排出气体应满足 GB 14554《恶臭污染物排放标准》。

5.2.1.7.6 粪便污物需要运送的应保证运送的过程散发的臭味浓度不大于3级，符合 GB/T 17217《城市公共厕所卫生标准》的要求。

5.2.2 管理

5.2.2.1 管理文件与制度

a）应有厕所竣工档案、设计图纸及相关的验收文件；

b）应有旅游淡旺季厕所管理预案；

c）应有粪便处理的方法、验收手续和管理制度，粪便排放应符合法规；

d）应有明确的厕所编号，标明开放时间、监督电话等内容；

e）应有岗位职责；

f）应有卫生监督有检查制度；

g）应有卫生服务标准，应涵盖厕所内外部件设施，内容应包括清洁频次、清洁方式和清洁程度等。

5.2.2.2 设备状况

a）大小便位及附属管件停用比例不大于 5%，停用时间不大于 1 天；

b）其他配件设施停用比例不大于 10%，停用时间应不大于 2 天；

c）厕所应备有充足的耗材，如卫生纸、清洁液、消毒剂等；

d）大小便器干净，冲洗正常；

e）排风除味设施应定期维护、无故障；

f）无障碍设施应牢固可靠；

g）应急照明设施应定期检查，工作正常；

h）婴儿台应牢固可靠，功能正常；

i）应保持排水、排污管道五堵塞。

5.2.2.3 收费标准

旅游厕所应全部免费开放。

5.2.2.4 开放时间

与所在场所经营开放时间相一致或更长。

5.2.3 服务

5.2.3.1 设备

厕所设备应定时巡检、维护、保洁，提供干净卫生，较高正常率的厕所设备。

a）应提供能正常冲洗的小小便器，保证无堵塞、无结垢、无滴漏；

b）应定期清理，提供正常排污除味设施；

c）应提供牢固可靠的无障碍设施；

d）应提供正常应急照明设施；

e）应提供保证安全、牢固可靠，干净无灰的婴儿台；

f）应提供易识别、无残损的标志牌；

g）应提供畅通的排水、排污管道。

5.2.3.2 外部清洁卫生要求

5.2.3.2.1 旅游厕所的整体外部周边环境整洁有序，应无垃圾、粪便、污水、杂草等其他杂物，无卫生死角。

5.2.3.2.2 厕所建筑外表定期维护、清洁。

5.2.3.2.3 厕所外的标识牌要清晰可见、无污渍、无损坏残缺。

5.2.3.2.4 厕所外坡道扶手干净无灰尘。

5.2.3.2.5 厕所入口主干道、台阶无积雪、结冰。

5.2.3.2.6 厕所外化粪池、粪井周边场地应无垃圾、粪迹、污水。

5.2.3.3 室内清洁卫生要求

5.2.3.3.1 厕所内空间（地、墙、顶、窗）应整洁、干净、无破损、地面无积水。

5.2.3.3.2 便器应冲洗正常，干净、无水渍、污迹。

5.2.3.3.3 管路、管件应无污垢、无堵塞、无滴漏。

5.2.3.3.4 洗手池、龙头及台面在使用过后随时清洁，应干净无污渍。

5.2.3.3.5 厕位间隔断板、搁物板应清洁、完好、无污渍。

5.2.3.3.6 厕所内手纸盒、纸巾盒、坐垫纸盒应定期检查，应保证盒内不缺纸。

5.2.3.3.7 厕位间扶手应牢固完好、定期消毒。

5.2.3.3.8 厕所内面镜应干净无污渍。

5.2.3.3.9 厕所内挂衣钩应干净、牢固完好。

5.2.3.3.10 厕所内的标识牌应干净，无掉漆、生锈、残缺。

5.2.3.3.11 管理间、工具间应整洁有序。

5.2.3.4 应急措施

当如厕人数短时间内聚集时，要有应急措施，确保有序如厕。

5.2.3.5 环境

a）厕所换气次数在 5 次 / 小时以上，应优先采用自然排风，保证厕所臭味强度不大于 1 级；

b）厕所应有效采光，夜间灯光可使用时间与厕所开放时间一致；

c）室内环境布置应干净整洁。

5.3 AAA 级

5.3.1 建设

旅游厕所的建设应符合国家现行的公厕建设的相关标准，没有上下水条件的场所应采用符合环保要求、维护简单、经济可靠的厕所技术（如节水型、泡沫免冲型、循环冲洗型和生物型等）。

5.3.1.1 建筑

5.3.1.1.1 外观

a）外观与周边环境和建筑相协调；

b）厕所入口应注意隐私保护，并根据当地气候特点设计，热带地区可采用开放式入口，寒冷地区应考虑冬季保温需求，宜设置过渡空间；厕所设大门时，门扇与门框间应防夹手，材质坚固耐用；

c）建筑主体材料及装饰材料应选用环保建筑材料，宜根据地区特点就地取材，防火性能应符合 GB 50016 的要求。

5.3.1.1.2 室内

a）建筑面积 80m^2 以上；

b）男女厕所应分开设置；

c）独立式厕所室内净高 3.2m 以上，附属式公厕按建筑层高；

d）室内顶棚选用防潮、防腐、易清洁材料；

e）厕所间、洗手间内墙面应采用防水、防火、易清洁材料；

f）厕所室内地面铺装前应做防水，装饰面应采用防滑、防渗、防腐的材料；

g）室内所有水、电、暖通等管线宜暗装；

h）管理间根据管理、服务需求设计，使用面积宜不小于 6.0m^2，管理间应配置管理人员用的桌子、椅子、开水容器、挂衣设施；

i）工具间根据需求设计，使用面积应不小于 1.5m^2，工具间内应配置必要的清洁工具。

5.3.1.1.3 给水、排水

a）旅游厕所的给排水管路的布置与安装应符合 GB 50242《建筑给排水及采暖工程施工质量验收规范》的要求；

b）给水管路进户前应设水表检查井，并内设排空阀门，进户管道内经不小于 50mm，北方地区应采取防冻措施；

c）排水主管路出户后应排水检查井，管路材质宜为PVC，直径不小于200mm；

d）厕所地面应合理设置防腐水封地漏，确保地面无积水。

5.3.1.2 供特殊人群使用的设施

5.3.1.2.1 无障碍设施应符合GB 50763《无障碍设计规范》。

5.3.1.2.2 厕所应设置第三卫生间，并应符合下列要求：

a）位置宜靠近公共厕所入口，方便行动不便者进入，轮椅回转直径不小于1.5m；

b）内部设置可包括：成人坐便器、儿童坐便器、儿童小便器、成人洗手盆、儿童洗手盆、多功能台、儿童安全座椅、挂衣钩和呼叫器；

c）使用面积不宜小于6.5m^2；

d）地面应防滑、不积水；

e）成人坐便器、洗手盆、多功能台、安全抓手、挂衣钩、呼叫按钮应符合现行标准《无障碍设计规范》GB 50763的规定；

f）多功能台和儿童安全座椅应可折叠，儿童安全座椅长度不小于450mm，宽度宜不小于420mm，高度宜为500mm，离地高度宜为300mm；

g）入口处应设第三卫生间标志。

5.3.1.3 厕位

5.3.1.3.1 厕位比例

a）男女分开的厕所男女厕位比例（含男用小便器）2:3；

b）坐蹲位设立比例不小于1:5，男女厕所分别宜不少于一个坐位；

c）男厕在保证大便位需要的基础上应多设置小便位。

5.3.1.3.2 厕位尺寸及配置

a）蹲坐厕位使用净尺寸应不低于长 1.2m，宽 0.9m；厕位内开门的使用净尺寸应不低于 1.4m，宽 1.0m；

b）小便器间距应不小于 0.7m；

c）门锁牢固可内外开启；

d）厕位隔断板应选用坚固、防潮、防腐、防烫、易清洁材料，可采用金属隔断板，隔断板（门）高度 1.8m 以上。

5.3.1.4 卫生器具

5.3.1.4.1 蹲坐便器

a）蹲坐便器在具备上下水的条件下宜选择陶瓷便器；

b）应符合 GB 6952《卫生陶瓷》、GB/T 18092《免水冲卫生厕所》的要求；

c）水冲式宜采用感应式节水型或机械式节水型阀门冲洗；

d）免冲式宜采用自动式或无触摸机械式清理，达到卫生清理效果。

5.3.1.4.2 蹲坐便厕位应设置下列辅助设施

a）手纸盒，每个厕位内设手纸盒；

b）废弃手纸收集容器，每个厕位内设一个；

c）扶手，每厕位至少应安装一个，安装牢固、位置合理，宜选用有抗菌功能的扶手；

d）挂衣钩，每个厕位内设挂衣钩，承重不小于 5kg；

e）设置配置应考虑符合当地民众的信仰、习俗，如伊斯兰教的人如厕用的小净设施。

5.3.1.4.3 小便器

a）小便器应采用品牌瓷制半挂式小便器；

b）站位隔板应选用坚固、防潮、防腐、防烫、易清洁材料，宽不小于0.45m，高不小于0.8m，隔板上部宜设搁物板；

c）水冲式应采用感应式或机械式节水型冲洗阀门；

d）水冲式应处理便捷，易清洗。

5.3.1.4.4 洁手设备和面镜

a）有水型选用的洗手盆和龙头，应安装牢固，宜配置洗手液容器和干手设备；男女分设的厕所洗手盆洗手盆数量参照CJJ 14—2005《城市公共厕所设计标准》设置，见下表：

厕位数（个）	洗手盆数（个）	备注
4以下	1	1.男女厕所宜分别计算，分别设置； 2.当女厕所洗手盆数n≧5时，实际设置数N应按下式计算：N=0.8n。
5—8	2	
9—21	每增4厕位增设1个	
22以上	每增5个厕位增设1个	

男女通用式厕所根据现场条件选择设置洗手池或干式净手器，如果洁手设备放在厕间里，每个厕位都须配置；

b）无水型应提供感应式净手设备、消毒纸巾等，确保洁手有效；

c）厕所应设面镜。

5.3.1.5 环境要求

5.3.1.5.1 通风应满足CJJ 14—2005《城市公共厕所设计标准》，确保厕所换气次数在5次/小时以上，应优先采用自然排风，强制排风设备的位置设计合理。

5.3.1.5.2 采光，厕所建筑通风、采光面积之和与地面面积比不宜小于1:8。

5.3.1.5.3 照明，室内照度不低于100Lx，应符合《建筑照明设计标准》GB 50034—2013的要求；应选用节能灯具，夜间灯光可使用时间与厕所开放时间一致。

5.3.1.5.4 气味，厕所臭味强度不大于1级。

5.3.1.5.5 室内环境根据需要布置宣传文明如厕的装饰品。

5.3.1.6 标识

标志牌应此采用标准图案，中英文对照，材质防腐、防眩光，安装位置醒目。

5.3.1.6.1 厕所标牌

a）厕所指向牌应指向准确，标明指向牌与厕所的间距米数。景区重要节点处宜标明厕所的分布位置，有条件的景区可以建立网络导视系统；

b）厕所建筑外标牌安装在厕所外立面，安装位置醒目，与厕所风格一致，如果厕所夜间开放，厕所建筑上的标牌应可识别；

c）厕所公共区域应有文明用侧宣传牌，文字规范，宣传内容通俗易懂，中英文对照，安装位置醒目。

5.3.1.6.2 厕门标牌

a）男女厕所标志牌安装在男女厕所入口处，易识别，规格不小于$300cm^2$；

b）厕位坐蹲位指示牌安装位置醒目，宜安装在厕位门的中上部，规格不小于$60cm^2$。

5.3.1.6.3 第三卫生间标志牌

第三卫生间标志牌除满足正常人员的识别需求外，宜考虑盲人的需求。

5.3.1.7 粪便处理

5.3.1.7.1 粪便污水进入下水道或污水处理厂的，化粪池出水口的水质应符合 CJ 343—2010《污水排入城镇下水道水质标准》的要求。

5.3.1.7.2 粪便污水处理后进入水域的应满足 GB 18918《城镇污水处理厂污染物排放标准》，以天然水为主题景观的区域严禁排入处理后的中水或景观用水。

5.3.1.7.3 粪便堆肥处理的应实现对环境为无害化，处理后的粪便里虫卵、细菌等指标应符合 GB 7959—2012《粪便无害化卫生要求》的要求。

5.3.1.7.4 污物应输送到法规的处理场所，如果没有符合规范的处理场所应修建。

5.3.1.7.5 封闭空间、空气不易流通的空间（如洞穴）排出的气体应经过除臭设备处理，排出气体应满足 GB 14554《恶臭污染物排放标准》。

5.3.1.7.6 粪便污物需要运送的应保证运送的过程散发的臭味浓度不大于 3 级，符合 GB/T 17217《城市公共厕所卫生标准》的要求。

5.3.2 管理

5.3.2.1 管理文件与制度

a）应有厕所竣工档案、设计图纸及相关的验收文件；

b）应有旅游淡旺季厕所管理预案；

c）应有粪便处理的方法、验收手续和管理制度，粪便排放应符合法规；

d）应有明确的厕所编号，标明开放时间、监督电话等内容；

e）应有岗位职责；

f）应有卫生监督有检查制度；

g）应有卫生服务标准，应涵盖厕所内外部件设施，内容应包括清洁频次、清洁方式和清洁程度等；

h）应有标志牌管理制度。

5.3.2.2 设备状况

a）大小便位及附属管件应完好、无损坏；

b）其他配件设施应完好无损坏，有故障应立即维修；

c）厕所应备有充足的耗材，如卫生纸、清洁液、消毒剂等；

d）大小便器干净，冲洗正常；

e）排风除味设施应定期维护、无故障；

f）无障碍设施应牢固可靠；

g）应急照明设施应定期检查，工作正常；

h）婴儿台应牢固可靠，功能正常；

i）应保持排水、排污管道五堵塞。

5.3.2.3 收费标准

旅游厕所应全部免费开放。

5.3.2.4 开放时间

与所在场所经营开放时间相一致或更长。

5.3.3 服务

5.3.3.1 设备

厕所设备应定时巡检、维护、保洁，提供干净卫生，较高正常率的厕所设备。

a）应提供能正常冲洗的小小便器，保证无堵塞、无结垢、无滴漏；

b）应定期清理，提供正常排污除味设施；

c）应提供牢固可靠的无障碍设施；

d）应提供正常应急照明设施；

e）应提供保证安全、牢固可靠，干净无灰的婴儿台；

f）应提供易识别、无残损的标志牌；

g）应提供畅通的排水、排污管道。

5.3.3.2 外部清洁卫生要求

5.3.3.2.1 旅游厕所的整体外部周边环境整洁有序，应无垃圾、粪便、污水、杂草等其他杂物，无卫生死角。

5.3.3.2.2 厕所建筑外表定期维护、清洁。

5.3.3.2.3 厕所外的标识牌要清晰可见、无污渍、无损坏残缺。

5.3.3.2.4 厕所外坡道扶手干净无灰尘。

5.3.3.2.5 厕所入口主干道、台阶无积雪、结冰。

5.3.3.2.6 厕所外化粪池、粪井周边场地应无垃圾、粪迹、污水。

5.3.3.3 室内清洁卫生要求

5.3.3.3.1 厕所内空间（地、墙、顶、窗）应整洁、干净、无破损、地面无积水。

5.3.3.3.2 便器应冲洗正常，干净、无水渍、污迹。

5.3.3.3.3 管路、管件应无污垢、无堵塞、无滴漏。

5.3.3.3.4 洗手池、龙头及台面在使用过后随时清洁，应干净无污渍。

5.3.3.3.5 厕位间隔断板、搁物板应清洁、完好、无污渍。

5.3.3.3.6 厕所内手纸盒、纸巾盒、坐垫纸盒应定期检查，应保证盒内不缺纸。

5.3.3.3.7 厕位间扶手应牢固完好、定期消毒。

5.3.3.3.8 厕所内面镜应干净无污渍。

5.3.3.3.9 厕所内挂衣钩应干净、牢固完好。

5.3.3.3.10 厕所内的标识牌应干净，无掉漆、生锈、残缺。

5.3.3.3.11 管理间、工具间应整洁有序。

5.3.3.4 应急措施

当如厕人数短时间内聚集时，要有应急措施，确保有序如厕。

5.3.3.5 环境

a）厕所换气次数在 5 次 / 小时以上，应优先采用自然排风，保证厕所臭味强度不大于 1 级；

b）厕所应有效采光，夜间灯光可使用时间与厕所开放时间一致；

c）室内环境布置应干净整洁。

附录5　湖州市乡村旅游促进条例

（2019年7月31日湖州市第八届人民代表大会常务委员会第二十一次会议通过，2019年9月27日浙江省第十三届人民代表大会常务委员会第十四次会议批准）

第一条　为了保障乡村旅游者、旅游经营者和从业人员的合法权益，有效保护生态环境，合理利用旅游资源，促进乡村旅游持续健康高质量发展，根据《中华人民共和国旅游法》《浙江省旅游条例》等有关法律、法规，结合本市实际，制定本条例。

第二条　本市行政区域内的乡村旅游活动以及乡村旅游产业发展、服务保障、管理等活动，适用本条例。

本条例所称的乡村旅游活动，是指依托乡村自然、人文资源开展的游览、度假、休闲、康养、研学、体验等。

第三条　市、区县人民政府应当加强对乡村旅游工作的组织领导，建立联席会议制度和综合协调机制，定期研究乡村旅游工作，组织制定促进乡村旅游发展的政策措施，统筹解决乡村旅游发展中的重大问题。

乡（镇）人民政府、街道办事处应当按照市、区县人民政府确定的职责，做好本辖区内乡村旅游的资源保护、产业发展、秩序管理、纠纷处理等工作。依法设立的乡村旅游工作机构，负责做好相关服务管理工作。

第四条　市、区县文化广电旅游部门负责本行政区域内乡村旅游业发展的统筹协调和旅游监督管理。

市、区县发展和改革、教育、公安、财政、人力资源和社会保障、生态环境、住房和城乡建设、交通运输、自然资源和规划、水利、农业农村、商务、卫生健康、应急管理、市场监督管理、体育、统计、综合行政执法、大数据发展管理等有关部门应当按照各自职责，做好乡村旅游相关工作。

第五条 村民委员会应当引导村民保护和合理利用旅游资源，支持和组织村民发展乡村旅游；依法建设和管理本村的旅游公共设施；加强自治管理，协助有关部门和乡（镇）人民政府、街道办事处做好监督管理、纠纷处理等工作。

村集体经济组织应当根据本地实际，利用村集体所有或者使用的资源发展乡村旅游。

村民会议可以将文明经营、秩序维护纳入村规民约。

村务监督委员会应当支持和配合村民委员会等村级组织履行职责，依法对乡村旅游中的有关工作进行监督。

第六条 市、区县文化广电旅游等有关部门应当加强对乡村旅游行业协会的支持、指导，促进其发挥作用。

乡村旅游行业协会应当提升服务能力，开展教育宣传、业务咨询、信息交流、专业培训等服务；加强行业自律，协助有关部门做好监督管理工作；加强与相关行业协会的交流合作；参与行业政策制定、诚信体系建设、市场信息发布、旅游产品推介等活动。

第七条 市人民政府应当以环太湖滨湖休闲、西部自然生态、东部水乡民俗乡村旅游为重点，推进乡村旅游品质化、特色化、集聚化发展，促进全域旅游。

市、区县人民政府应当按照促进乡村旅游与保护生态环境相协调原则，依法组织编制和实施乡村旅游专项规划，并做到与相关专项规划相衔接。

新建、改建、扩建乡村旅游项目应当符合乡村旅游专项规划要求。

第八条 市市场监督管理部门应当会同文化广电旅游等有关部门依法制定

和组织实施乡村旅游地方标准，引导乡村旅游经营者按照标准提供服务。

鼓励乡村旅游行业协会、经营者依法制定团体标准、企业标准。

第九条　市人民政府应当依托世界乡村旅游大会等平台，开展交流研讨、形象宣传、产品推介等活动，提升本市乡村旅游品质和影响力。

鼓励和支持高等院校、科研院所、专业机构等开展乡村旅游发展研究。

第十条　市、区县人民政府应当推进旅游与农业、文化、科技、体育等产业融合，支持乡村旅游新产业、新业态发展。

鼓励依托特色小镇、特色村落、太湖溇港、桑基鱼塘、爱国主义教育基地和丝绸、茶、瓷、湖笔、酒、竹等旅游资源，开发特色旅游项目和产品。

鼓励挖掘和利用博物馆、纪念馆、艺术馆、非物质文化遗产、农耕文化、农事民俗等旅游资源，发展乡村旅游产业。

第十一条　市、区县人民政府应当整合本行政区域内和周边的旅游资源，引导乡村旅游行业协会和经营者设计、开发、推广乡村旅游线路。

鼓励乡村旅游经营者加强跨区域、跨业态合作，共同开发、推介乡村旅游线路，组织相关旅游活动。

第十二条　市、区县人民政府应当制定促进乡村旅游投资的政策措施，鼓励、引导和规范工商资本开发乡村旅游项目，引领乡村旅游高质量发展；鼓励和支持村集体经济组织、村民投资乡村旅游项目。

市、区县人民政府应当引导工商资本与村集体经济组织、村民等共同开发和经营当地的旅游资源。

第十三条　市、区县人民政府可以依照法律、法规和省的有关规定，根据有利于促进民宿（农家乐）发展的原则，制定民宿（农家乐）管理办法。

市、区县文化广电旅游部门应当规范民宿（农家乐）等级评定，建立退出机制，支持精品民宿（农家乐）发展。

第十四条 鼓励建设休闲农场、休闲农庄等乡村旅游项目，开展果蔬采摘、产品展示、科普教育、农事体验等活动。

市、区县人民政府对符合投资、产值、就业、产业规模等要求的休闲农业项目，可以依法优先保障建设用地。

乡村旅游经营者应当依法建设、使用休闲农业设施。

第十五条 市、区县人民政府应当利用美丽乡村建设成果，完善旅游公共设施，挖掘旅游资源，根据实际推进景区村庄建设。

村集体经济组织委托专业机构经营景区村庄的，应当对委托经营的集体资产、经营期限、利益分配等进行约定。市市场监督管理部门应当会同文化广电旅游等有关部门，制定并推广景区村庄委托经营合同示范文本。

第十六条 市、县财政部门应当监督采购代理机构及时有效发布政府采购信息；依法将符合条件的民宿（农家乐）、休闲农庄等乡村旅游经营者确定为政府采购的入围供应商。

鼓励国家机关、事业单位、国有企业和工会组织依法委托符合条件的民宿（农家乐）、休闲农庄等乡村旅游经营者提供交通、食宿、会务和职工疗休养等服务。

第十七条 鼓励挖掘、生产、销售具有地方特色的农副产品、工艺品、文化创意产品，支持建立农副产品交易市场、特色商店、农村电商等平台，促进旅游购物。

第十八条 各级人民政府或者村民委员会应当根据乡村旅游发展的实际需要，推进乡村公路、旅游绿道、旅游集散（换乘）中心、交通旅游驿站、停车场（位）、充电桩、公共厕所等旅游公共设施建设和管理。

市、县交通运输管理部门应当根据乡村旅游发展的实际需要，规划开通乡村旅游产业集聚区、景区、景区村庄的旅游客运专线或者旅游公交，满足旅游者的交通需求。

第十九条　市、区县有关部门应当依照《浙江省保障“最多跑一次”改革规定》，为乡村旅游经营者办理证照提供便利服务。

市、区县卫生健康部门应当根据乡村旅游发展的实际需要，健全院前医疗急救体系，合理布局急救站点，为旅游者提供及时的医疗急救服务；联合红十字会开展急救知识和技能的普及、培训。

第二十条　市、区县人民政府应当预留用地空间，每年安排一定的用地指标用于乡村旅游项目建设。通过全域土地综合整治增减挂钩节余的建设用地，应当安排一定的用地指标用于乡村旅游发展。

市、区县人民政府依照法律、法规以及省的低丘缓坡开发利用和生态“坡地村镇”政策，可以采取点状布局、垂直开发、差别供地等方式，为乡村旅游项目提供用地。

鼓励依法利用农村零星的存量建设用地、闲置宅基地、闲置农房、废弃矿山，开发乡村旅游项目。

第二十一条　市、区县人民政府应当在财政预算中安排资金，加强资金统筹，提高资金使用绩效，支持乡村旅游发展。

旅游发展专项资金应当重点用于乡村旅游发展。

鼓励和支持金融、保险机构为乡村旅游发展提供融资、保险产品和服务。

第二十二条　市、区县人民政府应当制定乡村旅游人才引进、培养和使用的激励措施，对促进乡村旅游业发展做出突出贡献的带头人、高层次人才、返乡创业人员等给予奖励；对符合条件的乡村旅游人才，纳入南太湖系列人才工程。

鼓励和支持高等院校、中等职业学校与乡村旅游经营者合作，培养实用型乡村旅游专业人才。

乡村旅游行业协会、经营者应当加强从业人员服务技能的培训，提升乡村旅游从业人员的服务能力。

第二十三条　市、区县人民政府应当将乡村旅游纳入智慧城市建设，运用现代信息技术，提高乡村旅游科学化、精细化、智能化管理水平。

旅游公共信息服务平台应当拓展服务功能，提供信息咨询、纠纷处理、信用评价等旅游服务。

第二十四条　市场监督管理部门应当会同文化广电旅游等有关部门，根据国家标准依法制定具有本地特色的乡村旅游标志的地方标准。

支持和引导乡村旅游产业集聚区、景区、景区村庄按照地方标准设置标志。

第二十五条　乡村旅游项目中的特种设备的使用、检验、检测和安全监督管理，依照《中华人民共和国特种设备安全法》等有关法律、法规、规章执行。

经营水上漂流、滑草、滑道、玻璃栈道（桥）等具有一定风险性的乡村旅游项目，法律、法规未规定安全监督管理部门的，由市、区县人民政府确定，并制定管理办法。

第二十六条　乡村旅游产业集聚区、景区、景区村庄应当健全消费维权网络和咨询服务、调查、调解等工作机制，及时化解旅游消费纠纷。

有条件的乡村旅游产业集聚区、景区、景区村庄可以建立消费维权预先赔付机制。

各级人民政府应当支持建立乡村旅游消费维权调解志愿者队伍。

第二十七条　旅游资源所在地的乡（镇）人民政府、街道办事处可以采取公告、设置安全警示标志等方式，提示旅游者注意防范风险。

乡村旅游经营者应当依法以明示的方式事先向旅游者作出说明或者警示，保障旅游安全。

乡村旅游者不得违反安全警示规定组织或者实施旅游活动。发生意外事故产生救援费用的，旅游活动组织者以及其他被救助人应当依法承担相应的救援费用。

第二十八条　乡村旅游经营者应当依法明码标价，并对计价单位、方式等事先向旅游者作出说明。

第二十九条　市、区县文化广电旅游部门应当会同有关部门加强乡村旅游诚信体系建设，归集整合乡村旅游信用信息，依法纳入信用湖州信息系统。

市、区县文化广电旅游部门应当根据乡村旅游经营者的信用状况实行分类监管，对有不良信息的经营者实施重点监督检查。

市、区县文化广电旅游部门应当执行国家有关不文明旅游记录的规定，促进文明旅游。

第三十条　违反本条例规定的行为，法律、行政法规、省的地方性法规已有法律责任规定的，从其规定。

第三十一条　违反本条例第二十八条规定，乡村旅游经营者未依法明码标价或者未对计价单位、方式等事先向旅游者作出说明的，由市、区县市场监督管理部门责令改正，没收违法所得，可以并处五千元以下的罚款。

第三十二条　各级人民政府、有关部门及其工作人员，在乡村旅游监督管理中滥用职权、玩忽职守、徇私舞弊的，由有权机关按照管理权限责令改正，对直接负责的主管人员和其他直接责任人员依法给予处分。

第三十三条　本条例自2020年1月1日起施行。

参考文献

[1] Lesley Roberts，Derek Hall. Rural Tourism and Recreation：Principles to Practice[M]. Wallingford：CABI Publishing，2001.

[2] María R，Perales Y. Rural Tourism in Spain[J]. Annals of Tourism Research，2002（4）.

[3] 阿兰贝里 . 现代大众旅游 [M]. 谢彦君，译 . 北京：旅游教育出版社，2014.

[4] 安徽大学农村改革与经济社会发展协同创新中心课题组. 乡村旅游：中国农民的第三次创业 [M]. 北京：中国发展出版社，2016.

[5] 北京巅峰智业旅游文化创意股份有限公司课题组. 图解乡村振兴战略与旅游实践 [M]. 北京：旅游教育出版社，2018.

[6] 北京市农村经济研究中心. 2017 北京市农村经济发展报告（第四分册：休闲农业与乡村旅游），2018

[7] 蔡家成. 对发展新疆和兵团乡村旅游的思考 [N]. 中国旅游报，2018-04-10（3）.

[8] 陈灿，黄璜. 休闲农业与乡村旅游 [M]. 郑州：河南科技出版社，2018.

[9] 干永福，刘锋. 乡村旅游概论 [M]. 北京：中国旅游出版社，2017.

[10] 高英英. 东港区休闲农业乡村旅游发展现状与展望 [J]. 基层农技推广，2017（2）.

[11] 韩长斌. 在 2017 全国休闲农业和乡村旅游大会上的讲话 [N]. 农业日报，2017-04-13（1）.

[12] 李金早. 当代旅游学 [M]. 北京：商务印书馆，中国旅游出版社，2018.

[13] 梁现瑞，王成栋，唐泽文. 擦亮农业大省金字招牌——透视四川乡村振兴新信号 [N]. 四川日报，2018-09-05（5）.

[14] 楼嘉军，徐爱萍．休闲・旅游・民宿：观察与思考 [M]．上海：上海交通大学出版社，2017．

[15] 内蒙古自治区旅游发展委员会 . 全区旅游扶贫工作推进会会议材料，2018．

[16] 内蒙古自治区文化和旅游厅．2018 年内蒙古自治区旅游统计年度报告，2019．

[17] 内蒙古自治区文化和旅游厅．内蒙古自治区旅游资源开发单位名录，2019．

[18] 宁启文．首届全国休闲农业和乡村旅游大会在浙江召开 [N]．农民日报，2017-04-13（1）．

[19] 邵琪伟 . 中国旅游大辞典 [M]．上海：上海辞书出版社，2013．

[20] 史寿山 . 现代乡村旅游 [M]．广州：广东旅游出版社，2017．

[21] 王兵 . 从中外乡村旅游的现状对比看我国乡村旅游的未来 [J]. 旅游学刊，1999（2）．

[22] 王云才，郭焕成，徐辉林．乡村旅游规划原理与方法 [M]．北京：科学出版社，2006．

[23] 徐虹，李瑾，李永淼．天津市休闲农业与乡村旅游发展报告 [M]．北京：中国旅游出版社，2017．

[24] 杨应杰．河南省发展休闲农业与乡村旅游的对策研究 [J]．河北科技师范学院学报（社会科学版），2013（2）．

[25] 张述林，李源，刘佳瑜．乡村旅游发展规划研究：理论与实践 [M]．北京：科学出版社，2014．

[26] 张琰飞，鲁明勇．乡村旅游扶贫雪峰山模式 [M]．北京：经济科学出版社，2018．

[27] 中国旅游协会旅游城市分会．现代农家乐实务手册 [M]．北京：中国旅游出

版社，2011.

[28] 周玲强．乡村旅游产业组织研究 [M]．北京：科学出版社，2013.

[29] 周永振，姜海涛，王羽．包头市旅游标准化工作指南 [M]．北京：中国旅游出版社，2016.

[30] 邹统钎．乡村旅游：理论·案例（第二版）[M]．天津：南开大学出版社，2017.

后　记

本书由赤峰学院学术专著出版基金资助出版，非常感谢学校 2019 年度学术专著出版资助工作各位评委给予的支持、意见和建议，促使本书得以不断完善和顺利出版。

非常感谢内蒙古自治区文化和旅游厅（原自治区旅游局、原自治区旅游发展委员会）的信任，自 2014 年被聘为“内蒙古自治区旅游景区指导、评定委员会”（现为“内蒙古自治区旅游资源质量开发评定委员会”）委员以来，因工作原因走遍了内蒙古 103 个旗、县、区（市），参与了众多乡村旅游项目的考察、指导、评审、评定工作，丰富了乡村旅游的产业实践，同时为本书的写作积累了大量的素材。

本书的写作是在诸多科研项目研究支持和科研团队智力支撑下完成的，主要有文化和旅游部 2019 年“双师型”师资人才培养项目（项目编号：WLRCS2019-008）、内蒙古哲学社会科学规划项目（批准号：2017NDB065）、赤峰学院科研创新团队建设（蒙东地区旅游与文化产业研究创新团队）等，这些前期知识的储备、积累和拓展，助力了本书顺利集结成书。

同时，在资料收集和写作过程中，内蒙古各级旅游行政主管部门、各地区乡村旅游单位提供了大量的材料，促使本书成果更丰富、更翔实、更具可操作性，在此深表感谢。

感谢内蒙古自治区旅游宣传促进中心郝宁女士为本书提供的新闻照片和新闻稿件，感谢呼伦贝尔市风光摄影家协会主席、呼伦贝尔运通旅行社总经理赵兰富先生提供的封面照片，并惠准使用。

周永振
2019年12月

项目策划：段向民
责任编辑：张芸艳
责任印制：谢　雨
封设设计：武爱听

图书在版编目（CIP）数据

内蒙古乡村旅游：现状　案例　实践 / 周永振著
. -- 北京：中国旅游出版社，2019.12
ISBN 978-7-5032-6433-7

Ⅰ. ①内… Ⅱ. ①周… Ⅲ. ①乡村旅游—旅游业发展
—研究—内蒙古 Ⅳ. ① F592.726

中国版本图书馆 CIP 数据核字（2020）第 011425 号

书　　名：内蒙古乡村旅游：现状·案例·实践

作　　者：周永振　著
出版发行：中国旅游出版社
（北京建国门内大街甲 9 号　邮编：100005）
http://www.cttp.net.cn　E-mail:cttp@mct.gov.cn
营销中心电话：010-85166536
排　　版：小武工作室
经　　销：全国各地新华书店
印　　刷：北京工商事务印刷有限公司
版　　次：2019 年 12 月第 1 版　2019 年 12 月第 1 次印刷
开　　本：720 毫米 × 970 毫米　1/16
印　　张：9.75
字　　数：152 千
定　　价：39.80 元
ISBN　978-7-5032-6433-7